AI 시대 통번역의 포스트 에디팅 전략

AI 시대 통번역의
포스트에디팅 전략

지은이   임형재
발행인   공경용
책임 편집   이유진, 김소영, 김현희, 최지연
마케팅   김세훈, 신영선, Flavia Pana, 윤성호
디자인   유어텍스트, 서은아
일러스트   셔터스톡

발행처   공앤박 주식회사
주소   05116 서울시 광진구 광나루로56길 85
전화   02-565-1531
팩스   02-6499-1801
전자우편   info@kongnpark.com
홈페이지   www.kongnpark.com

초판 1쇄 인쇄   2025년 3월 31일
초판 1쇄 발행   2025년 4월 7일

ISBN 978-89-97134-60-1 93700

Publisher's Cataloging-in-Publication data

Names:	Hyung Jae, Lim
Title:	Post-Editing Strategies for Korean Translation in the Age of AI
Description:	Seoul, Republic of Korea: KONG & PARK, INC. 2025.
Identifiers:	ISBN 978-89-97134-60-1(93700) (print)
Subjects:	LCSH: Translating and interpreting--Technological innovations. | Translating and interpreting--Social aspects. | Korean language--Machine translating. | Artificial intelligence. | Language and culture.
Classification:	LCC P306.97.T73 I44 2025 | DDC 428.020285 ‡2 23

Post-Editing Strategies for Korean Translation in the Age of AI

AI 시대 통번역의 포스트 에디팅 전략

임형재 지음

KONG & PARK

# 머리말

　21세기 기술 혁명에 의한 AI(인공지능) 번역 기술의 등장은 통번역의 다양한 패러다임에 적지 않은 변화를 일으키며 통번역사의 역할에 대한 본질적인 논의를 요구하고 있습니다. 이러한 변화를 맞아 우리는 기계 번역의 발전 양상에 집중하기보다 통번역사의 창의성과 언어 맥락에 대한 해석 능력을 어떻게 확장할지에 대해 근본적으로 성찰하여야 합니다. 통번역은 기계적인 언어 간 전환이 아니라 사회적 맥락 및 문화적 의미를 포괄적으로 전달하여야 하는 복합적인 행위로, 통번역사의 창조적 해석과 창의적 중개를 기반하여야 하기 때문입니다. 즉, AI 번역이 급격히 발전하는 21세기에도 통번역이 인간의 창조적 행위라는 본질은 변함이 없다는 얘기입니다.

　이 책은 AI 시대 통번역의 방향성을 조망하고, 언어와 사고 및 의사소통의 관계를 분석하여 통번역학과 여러 연계 학문과의 상호 작용을 탐색하였습니다. 특히 문화소의 통번역, 통번역사 고유의 역할, 그리고 포스트에디팅Post-editing과 통번역 교육의 방향성 등을 심층적으로 다루며 기계 번역 환경을 적극적으로 활용하면서도 통번역사의 창의성과 언어 맥락에 대한 해석 능력을 확장할 방법을 모색하였습니다.

　이 과정에서 필자는 존재하지 않는 '인간 번역'보다 '통번역사 번역'으로 개념화할 것을 제안하며, AI 번역의 한계를 살펴 기계 번역과 통번역사의 역할이 상호 보완적으로 작용할 방안을 제시하였습니다. AI 번역은 그 혁신적 발전에도 불구하고 데이터 기반의 패턴을 중심으로 작동하기 때문에, 문법적인 오류가 없더라도 원문의 의도·정서·사회적 맥락을 충분히 재구성하거나 창의적 의도를 전달하는 데에는 한계가 있습니다. 특히 문학 번역의 영역에서 AI 번역은 창의성과 의미 전달의 깊이를 구현하는 데 여전히 상당한 도전 과제를 안고 있습니다. 따라서 21세기 통번역사는 AI 번역의 효율성을 취하고 그 한계를 보완할 수 있는 창조적 조정자로서 그 역량을 개발하는 방향으로 나아가야 합니다.

통번역의 윤리적 측면과 책임감에 대한 논의도 중요하게 다루었습니다. AI 번역이 점점 더 많은 영역에서 활용되면서 통번역 오류로 인한 법적·사회적·윤리적 책임 문제도 부각되고 있습니다. 통번역사는 단순한 언어 전달자가 아니라 사회적 영향력을 인식하고 윤리적인 선택에 대해 고민하여야 하며, 문화적 차이를 창의적으로 조정하는 역할을 수행할 수 있어야 합니다. 이러한 관점에서 이 책은 통번역사가 갖추어야 할 핵심 역량 및 AI 시대에도 변하지 않는 통번역사의 가치를 강조합니다.

21세기 AI 시대의 통번역은 단순한 언어 변환을 넘어 해석과 조정, 그리고 창의적 중재의 역할로 확장되고 있습니다. 이러한 통번역사의 창의적 능력은 20세기의 인문학적 관점과 언어학적 연구를 기반으로 논의되어야 한다는 점을 다시 한번 강조하고자 합니다.

끝으로 이 책을 집필하는 과정에서 도움을 주신 많은 분들께 감사의 인사를 드립니다. 먼저 이 책이 출간될 수 있도록 아낌없이 지원해 주신 공앤박 출판사의 공경용 사장님과 편집 실무를 담당해 주신 모든 분들께 깊은 감사를 드립니다. 또한 저의 연구와 집필을 응원해 준 아이들과 아내에게도 감사의 마음을 전합니다. 무엇보다도 AI의 출현으로 많은 궁금증을 가지게 된, 통번역을 공부하는 주위의 학생들과 동료 연구자들 및 현업에서 AI 번역과 협업하는 모든 통번역사에게 이 책이 유익한 길잡이가 되기를 바랍니다.

2025년 4월,

임형재 씀.

📖 차례

1

AI 시대
통번역의
미래

POINT!

- AI 시대 포스트에디팅 역량이 중요함을
  이해한다.
- 전통적 통번역학을 통찰하여 포스트에디팅의
  방향성을 살피고, 이를 크로스오버 전략으로
  구사하여야 함을 인지한다.

한국에서는 통역과 번역의 두 가지 행위를 통틀어 흔히 '통번역'이라고 한다. 이러한 표현은 통역과 번역을 명확히 구분하여야 할 때 혼란을 초래할 수 있다. 그럼에도 이 용어가 계속 쓰이는 이유는 20세기 중반까지 국제 사회에서 한국어가 주변 언어로 인식되었고, 한국어와의 소통 과정에서 번역보다는 즉각적인 통역의 중요성이 더 컸기 때문이다. 이에 따라 한국에서는 주요 언어와의 소통 시 통역과 번역을 같은 비중으로 여기며 '통역번역' 또는 '통번역'이라는 용어를 사용해 왔고, 이러한 관습이 현재까지 지속되어 한국 교육의 문화적 관례로 자리 잡게 되었다.

하지만 두 행위의 개념은 다르며, 엄밀하게 구분 짓자면 번역이 통역의 상위 개념이라 할 수 있다. 번역은 언어 간 의미 전달을 목적으로 하는 행위이므로, 텍스트를 다른 언어로 옮기는 것뿐만 아니라 구어로 표현하는 통역 역시 포함하기 때문이다. 이는 '통역학'이 '번역학'의 하위 범주로 분류되는 데에서도 알 수 있다. 학문적 논의도

● NMT
인공 신경망을 이용하여 문장을 통째로 번역하는 방식의 기계 번역이다.

● LLM
방대한 양의 언어 데이터를 학습하여 인간이 일상적으로 쓰는 언어인 자연어를 이해하고 생성하는 방식의 기계 번역이다.

통역보다 번역에 편중되는 경우가 많은데, 문서 중심의 활동으로서 학술적 성격이 강한 번역에 비해 실시간성 및 상황 중심의 활동이라는 특성을 가진 통역은 이론적으로 체계화되기 어렵기 때문이다. 따라서 이 책에서 다룰 통번역 전략에 대한 이론적 논의는 번역 중심으로 진행될 수밖에 없다.

현재 통번역학에서 가장 큰 화두는 AI(Artificial Intelligence, 인공지능) 번역이다. AI 번역은 ●NMT(Neural Machine Translation, 인공신경망 기계 번역)와 ●LLM(Large Language Models, 거대 언어 모델)의 발전에 의해 주도되고 있다. NMT와 LLM은 딥 러닝 알고리즘을 기반으로 하는 큰 데이터 세트에서 언어 패턴을 학습하고 이를 번역에 적용하는 기술이다. 따라서 문맥을 고려한 번역이 가능하고, 전통적인 규칙 및 통계 기반의 기계 번역보다 자연스러운 번역 결과를 제공한다.

<그림 1-1> 기계 번역 기술의 유형

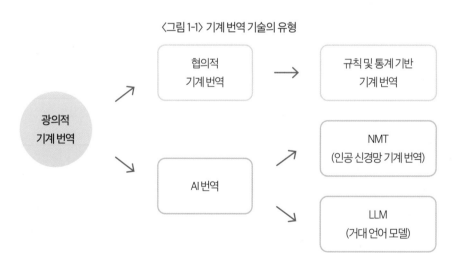

AI 시대 통번역의 포스트에디팅 전략

최근 AI 번역 시장에서는 Google Tranlate·DeepL·Papago
와 같은 온라인 번역 도구와 GPT-o3 mini·GPT-4.5·Gemini·
HyperCLOVA X와 같은 AI 플랫폼이 눈에 띄는 성장을 보여 주
었다. 범용성과 다양한 언어 지원이 장점인 Google Translate과
HyperCLOVA X 등은 지속적인 기술 개선을 통해 번역 품질을 향상
하고 있으며, 문맥 이해에 강점을 보이는 DeepL의 최신 언어 모델
은 주요 언어 간 번역에서 높은 정확성을 제공한다고 평가받고 있
다. 이 기술들은 AI가 단기간에 번역의 속도와 효율성을 크게 향상
시켰음을 보여 주었다. AI 번역은 빠른 번역 처리 속도와 학습된 패
턴을 통한 정확성 및 대량 번역 작업에서의 일관성 등의 장점이 있
어, 특히 대용량 문서 번역이나 실시간 통역과 같은 상황에서 유용
하다. 그리하여 다국어 지원이 필요한 글로벌 비즈니스에서 AI 번역
의 활용은 필수적인 요소가 되었다.

이렇듯 AI 번역은 언어적 맥락과 상황을 파악하는 수준에까지 발
전하였지만, 그 한계 또한 명확하다. 각 문화의 특징을 형상화하거
나 인간의 감정을 정확하게 다른 언어로 옮기는 일은 AI에게 아직
버거운 작업일 수 있어, 미묘한 문화적 어감이나 언어가 사용되는
상황적 맥락을 세심하게 번역하는 데에는 무리가 있다. AI 번역은
주로 데이터에 기반하여 학습하기 때문에 데이터베이스에 없는 새
로운 표현이나 스타일을 재현하는 데에도 한계를 보인다. AI 번역의
질 또한 데이터의 질과 양 및 인간의 피드백에 직접적인 영향을 받
으므로, 특정 분야나 언어에 대한 데이터가 부족할 경우 그 번역의

품질은 낮아질 수밖에 없다.

　AI 번역의 범용성과 신뢰성을 제한하는 이러한 결정적 한계는 통번역사가 해내는 창의적이고 문화적으로 민감한 통번역을 AI 번역이 온전히 대체할 수 없는 이유로 작용한다. 그럼에도 AI 번역이 기존의 통번역 시장과 통번역사의 작업 과정에 다양한 장점을 제공하는 것은 명확한 사실이다. 그러므로 향후 통번역사는 AI 번역과의 협업을 통해 통번역을 효율적으로 진행하고, 그 품질을 더욱 개선하여 통번역의 영역을 확장해 가는 전략을 구사하여야 한다.

01
19세기 카메라의 발명과 예술 세계의 변화

　현재 AI 번역의 발전이 사회에 끼친 영향은 19세기 발명된 카메라가 화가의 직업적 영역과 예술 세계에 일으킨 변화를 떠올리게 한다. 당시 빠르고 정확하게 인간의 모습을 기록할 수 있는 새로운 수단으로 카메라가 등장하자, 초상화를 그리던 화가들은 커다란 위기를 맞았다. 생계유지를 위해 새로운 발전 방향을 모색하여야 했던 화가들은 결국 인상주의·야수주의·표현주의·추상주의 등 새로운 예술 사조를 탄생시켰다. 이로써 예술은 현실을 단순히 재현하는 것을 넘어서서 사물의 본질과 인간의 감정 및 사상을 표현하는 데 중점을 두는 방향으로 크게 선회하였다.

19세기 카메라의 등장

프랑스의 예술가 루이 자크 망데 다게르^{Louis Jacques Mandé Daguerre}가 1839년 소개한 초창기 사진술 다게레오타이프^{Daguerreotype}는 얇은 은막으로 코팅된 구리판을 요오드 증기에 노출시켜 매우 세밀하고 정확한 이미지를 제공하였다. 이후 1841년 영국의 발명가 윌리엄 헨리 폭스 탤벗^{William Henry Fox Talbot}은 종이에 이미지를 고정시키는 칼로타이프^{Calotype}를 개발하였는데, 이는 다게레오타이프보다 복제하기 쉽다는 장점이 있었다. 이들 기술은 사진술의 발전을 이끌며 카메라가 대중화되는 계기를 마련하였다.

카메라의 등장은 당시 초상화 시장에 큰 변화를 일으켰다. 전통적으로 초상화는 화가들이 가장 많이 의뢰받는 작업이었다. 그러나 카메라가 그림보다 훨씬 빠르고 정확하게 인물을 그려 내자 초상화를 주로 의뢰하던 중산층과 상류층 고객은 사진을 선호하게 되었고, 초상화 의뢰는 급감하였다. 이러한 변화는 화가들에게 경제적 어려움을 가져옴과 동시에 그림을 그린다는 행위에 대한 근본적인 질문을 던졌다. 새로운 예술적 방향을 고민하던 화가들은 결국 그림을 그리는 행위가 단순히 결과물에 대한 온전성에 그 목적을 두지 않으며, 인간의 창의성을 드러내는 예술적 행위임을 보여 주는 데 이르렀다.

다게르가 발명한 초창기 카메라 다게레오타이프

화가들의 창의적 대응

인상주의 대표 화가인 르누아르의 〈Figures on the Beach〉(1870)는 그가 산업주의와 기계에 대한 회의론을 표현하던 시기에 제작한 작품이다. ©메트로폴리탄 미술관

화가들은 그림을 통해 인물이나 사물을 단순히 흉내 내기보다 이를 뛰어넘어 자신만의 예술적 가치를 강조하는 새로운 방향을 모색하였고, 그들의 새로운 도전은 인상주의·표현주의 등과 같은 예술 운동으로 발현되었다. 이 시기부터 미술 분야는 재현에서 비재현으로, 객관에서 주관으로 전환하는 혁신의 사조로서 창의성을 강하게 드러냈다.

인상주의는 미술의 발전 과정에서 자연스럽게 등장한 흐름이라기보다 카메라의 발명에 따른 화가들의 대안적 변화였다. 클로드 모네Claude Monet, 피에르 오귀스트 르누아르Pierre Auguste Renoir 등과 같은 인상주의 화가는 단순한 기록을 남기는 사진과 달리, 카메라로는 포착할 수 없는 빛과 색채의 변화를 화폭에 담아 예술이 순간적인 인상과 감정을 전달할 수 있음을 강조하였다. 이어서 등장한 표현주의는 감정과 주관적 경험의 표현을 더욱 중시하였다. 빈센트 반 고흐Vincent van Gogh, 에드바르 뭉크Edvard Munch 등 표현주의 화가들은 강렬한 색채와 왜곡된 형태로 인간 내면의 고통·기쁨·불안을 표현하고자 하였다. 이는 단순한 외적 재현을 넘어서는 예술적 차원의 탐구로, 사진과 차별화된 미술의 예술적 가치를 보여 주며 그림을 그린다는 인간의 행위에 대한 '지속 가능성'을 입증하였다. 이후 바실리 칸딘스키Wassily Kandinsky와 피에트 몬드리안Piet Mondrian 등으로 대표되는 추상주의는 더욱 과감하게 전통적 형태를 버리고 순수한 색채와 선과 형식을 재해석하고 탐구하였다. 이들은 음악적 리듬과 같은 비가시적 감각을 시각화하며, 예술이 재현을 넘어 인간의 사고와 감정을 표현할 수 있음을 강조하였다.

19세기 카메라의 발명은 화가들에게 분명한 위기로 작용하였으나, 동시에 새로운 예술 운동이 태동하는 계기를 마련하였다. 화가들은 사진이 할 수 없는 예술적 표현을 탐구하며 다양한 예술 사조를 탄생시켰고, 미술은 단순한 현실의 기록에서 벗어나 비재현으로, 내적 세계와 창조적 상상을 표현하는 방향으로 발전하였다. 이러한 변화와 혁신을 위한 노력은 예술의 독립성과 인간의 창의적 행위에 대한 무한한 가능성을 보여 주며 현대 미술의 근간을 형성하였다.

02
21세기 AI 번역의 등장과 통번역사의 전략

카메라의 발명으로 직업적 위기에 처했던 당시 화가들의 상황은 AI 번역을 마주하게 된 통번역사들의 현재 상황과 비교할 만하다. 카메라의 등장은 화가들에게 분명 위협적인 사건이었다. 하지만 그들은 이를 극복하고 새로운 예술 운동을 일으켜, 카메라로는 달성할 수 없는 다른 차원의 창의적인 행위로 나아갔다.

현재 첨단 AI 번역의 등장은 통번역사들에게 위협적인 현실로 보이지만, 과거 화가들이 그러했듯이 통번역사들도 기술적 혁신을 하나의 변곡점으로 삼아 자신들의 역할을 인간만의 창의적 활동으로 진화시킬 수 있다. AI가 반복적이고 일상적인 번역 작업을 맡음으로써, 통번역사는 더 창의적이고 복잡하며 문화적·감성적 요소가 요구되는 작업에 집중할 수 있다. 이는 통번역 분야에 새로운 가치와 전문성을 창출하는 계기가 될 것이다.

AI 번역과 협업하는 통번역사

통번역 분야는 20세기 세계화에 이은 21세기 글로벌화와 디지털 기술 발전의 가속화로 획기적이면서도 근본적인 변화를 맞이하고 있다. 특히 LLM으로 대표되는 AI 번역 기술의 발전은 번역 과정을 자동화하여 인간 행위의 효율성을 크게 향상시키고 있다. AI 번역이 단순 번역 작업에 대한 부담을 줄여 주면서 통번역사는 작업 과정상 비용을 줄이고 여력을 축적할 수 있으며, 창의적이고 복잡한 문제 해결에 집중하여 출발 언어의 함축적 의미를 파악하고 문화적 맥락을 고려하는 등 더 정확하고 자연스러운 작업물을 제공하는 데 더 많은 노력을 투자할 수 있게 되었다. AI 번역이 통번역사의 역할에 다각적인 변화를 가져온 셈이다.

이제 다양한 AI 번역이 번역의 속도를 가속화하고 번역물의 일관성을 높이는 데 기여함에 따라, 통번역사는 AI 번역을 활용하여 빠른 시간 내에 번역 초안을 확보한 후 초안을 수정·개선하는 후처리

출발 언어 → AI 번역 → 검토 → 포스트에디팅 → 도착 언어

로서 포스트에디팅Post-editing 과정을 거쳐 통번역을 완성할 수 있게 되었다. 즉, AI 번역이 통번역사와 대척점에 있는 것이 아니라 통번역사의 역량을 확장시키는 중요한 매개로 작용하고 있다.

앞서 말한 바와 같이, 문화적 매락과 인간의 감정을 번역하는 부분에 대한 AI 번역의 기능은 아직 충분하지 못하다. 통번역은 각 언어와 문화가 지닌 독특한 특성을 정확히 이해하여 이를 다른 언어와 문화적 실체로 전달하는 과정이어서 언어적 직관을 가지고 있어 복잡한 문맥과 뉘앙스의 이해하고 해석할 수 있는 통번역사가 AI 번역을 보완하여 창의성과 예술성을 구현할 수 있어야 한다. 즉, AI 번역이 기계적인 직역으로 그칠 수 있는 텍스트도 통번역사는 문화적 배경과 저자의 의도를 이해하여 적절하고도 감각적으로 표현할 수 있어야 한다. 이러한 통번역사의 개별적 특징과 장단점은 시와 소설 같은 문학적 텍스트의 창의적인 번역 작업에서 더욱 중요한 역량으로 작동한다.

통번역 행위의 독립성과 창조성

번역사가 문학 작품을 번역하는 데에는 언어적 변환 이상의 무언가가 존재한다. 즉, 출발 텍스트의 미묘한 감정·언어적 뉘앙스·문화적 배경을 새로운 언어로 재창조하는 창의적인 작업이 수반되어야 한다. 그래서 번역된 도착 텍스트를 '번역 작품'이라고 부르는 것이다. 예를 들어 시·소설·시나리오 등과 같은 문학 번역에서 번역사는 출발 텍스트의 문체·리듬·이미지를 보존하면서도 도착 텍스트 독자 또한 이를 직관적으로 이해할 수 있도록 적절하고 합리적인 번역 행위를 수행하여야 한다. 이 과정에서 중요하게 작동하는 것이 번역사의 창의성과 ●문화적 이해 및 해석 역량이다. 번역사는 각 문화와 언어의 독특한 표현 방식을 내포하고 있는 시·소설·시나리오 등의 문학 작품을 다른 언어로 옮길 때, 단순한 의미 전달을 넘어 작품이 지닌 예술적 가치와 감성을 전달하기 위해 최선의 노력을 기울이게 된다. 이는 분명 기계적인 번역으로는 달성하기 어려운 지점이다.

AI 번역이 활보하는 이 시대에 통번역사의 통번역 행위는 그 독립성을 유지할 수 있을까 하는 도발적인 질문이 던져지고 있다. 누누이 강조하지만, AI 번역이 발전함에 따라 많은 기초적인 번역 작업이 자동화되고 있음에도 통번역사만이 수행할 수 있는 창의적인 작업이 있다. 예를 들어 복잡미묘한 문화적 유머와 비유 및 농담 등이 포함된, 인간의 섬세한 감정과 문화적 이해를 다루는 통번역, 나아가 통번역사의 개성과 스타일을 반영하는 통번역 등은 통번역사만의 고유 영역이다. 하나의 출발 언어가 작업한 통번역사에 따라 각기 다른 느낌의 도착 언어로 탄생한다는 사실은 통번역사의 독립성을 보여 주는 동시에, 통번역이 언어 전환을 넘어서서 개별 통번역사의 창의적 해석이 반영되는 예술 작업임을 말해 준다.

통번역은 여러 문화의 문학과 예술 작품을 다양한 세계에 소개하는 중요한 수단이다. 통번역을 통해 각국의 문화적 특성과 예술적 가치가 전파되며, 이는 전 세계적인 문화의 이해와 발전을 촉진한다. 그리하여 통번역은 문화적 다양성을 존중하고 보존하는 동시에 새로운 문화적 창조를 가능하게 한다. 출발 언어의 문화를 해석하고 이를 새로운 문화저 매라에 맞게 재창조하는 통번역사는 언어 간 소통을 가능하게 할 뿐 아니라 문화 간 교량으로 역할하며, 통번역된 작품을 통해 서로 다른 문화 간 이해와 교류를 촉진하는 중요한 역할도 감당해 왔다. 이는 통번역사가 20세기 말부터 언어 전달자에서 문화의 해석가이자 재창조자로 재정의된 이유이며, AI 번역의 발전에도 불구하고 통번역사의 독립성과 창조성이 지켜질 중요한 근거이기도 하다.

〈표 1-1〉 통번역의 대상과 목적

출발(Source)	도착(Target)
출발 언어(SL: Source Language) 통번역될 원래 언어	**도착 언어(TL: Target Language)** 통번역된 언어
출발 텍스트(ST: Source Text) 번역 과정에서 번역될 텍스트	**도착 텍스트(TT: Target Text)** 출발 텍스트가 번역된 텍스트
출발 문화(SC: Source Culture) 출발 언어가 속한 문화	**도착 문화(TC: Target Culture)** 도착 언어가 속한 문화

문화와 통번역

통번역은 단순한 언어적 전환을 넘어서는 복잡한 인간 행위로, 문화적 맥락·의도·감정에 대한 깊이 있는 이해가 요구된다. 실제로 통번역의 질은 통번역사가 두 언어의 문화적 배경을 얼마나 깊이 있게 이해하고 있는지에 크게 의존한다. 특정 문화적 배경을 가진 출발 언어를 통번역할 때 통번역사는 출발 문화를 해석하고 이해한 후 다시 도착 문화를 기반으로 문화적 예술성과 창의성을 담아 내야 하므로, 두 문화에 대한 깊은 사회적·문화적 이해가 필요하다. 그리하여 통번역은 다양한 문화 간 이해와 소통을 촉진하는 중요한 도구가 되고, 통번역 작품을 통해 각기 다른 문화적 배경을 가진 사람들이 언어·예술·관습에 대한 상호 이해와 공감의 기회를 가지게 된다. 그러므로 통번역은 궁극적으로 세계 여러 나라 사람의 상호 이해와 협력을 증진하는 데 기여한다고 말할 수 있다.

지난 역사는 통번역이 문화 전파와 수용의 중심적인 역할을 해 왔음을 보여 주었다. 예를 들어 문학 작품이 다른 언어로 번역되면 출발 문화의 철학·가치관·정서 등이 도착 언어 사용자에게 전달되는데, 이 과정에서 도착 언어 사용자는 새로운 아이디어와 관점을 접하게 되고 이를 해당 문화의 발전과 변화를 촉진하는 매개체로 활용한다. 이러한 이유에서 새로운 문화적 표현을 통번역하는 것은 출발 문화의 독창성과 창의력을 다른 문화권에 알리고 전달하는 과정이 된다. 그래서 통번역사는 새로운 문화적 표현을 다른 언어로 옮기면서 원래의 의미와 감성을 유지하려 노력한다.

향후 세계는 고도로 진행되는 글로벌화로 인해 문화적 영향력이 강화되고 문화적 흐름 또한 더욱 빨라질 것이다. 이 과정에서 통번역사는 문화 간 의사소통의 중재자로서 문화적 다양성의 확산과 인식을 유도하여 세계 각국의 문화적 소통과 상호 이해 증진에 결정적으로 기여할 것이다. 여기에는 지금의 외국어 교육이 큰 역할을 할 것이므로, 통번역 능력은 보편적인 외국어 교육의 범주 안에서 다루어질 것이다.

이에 따라 각각의 장점을 활용한 AI 번역과 통번역사의 협업이 크게 기대된다. AI 번역의 효율성을 취한 통번역사가 깊이 있는 문화적 해석으로 창의적인 통번역 작업물을 만들어 내는 협업은 통번역의 질을 높이고 다양하며 풍부한 문화적 교류를 촉진할 것이다. 이를 효과적으로 이루기 위해 통번역사는 문화에 대한 깊이 있는 지식을 가져야 한다. 통번역사는 문화적 해석의 깊이를 더하기 위한 지속적인 교육과 훈련으로 문화적 맥락을 이해하고 해석하는 데 필요한 전문성을 갖추어야 하며, 무엇보다 다양한 문화적 배경을 가진 사람들과의 교류를 통해 실질적인 경험을 쌓아야 한다.

통번역을 통해 세계 각국의 문화 콘텐츠가 널리 퍼지고 이해되어 여러 문화를 존중하는 분위기가 조성될 것이다.

전통적 통번역학에 대한 검토

지금의 시대적 요구를 이해하고 그에 적응하기 위해서는 전통적 통번역학에 대한 검토도 필수적이다. 전통적 통번역학은 통번역사의 언어적·사회적·문화적 맥락 이해를 중심으로 통번역 과정의 창의적이고 학문적인 측면을 강조한다. 기술 중심으로 변화하는 21세기 통번역 환경에서도 이러한 학문적 토대는 기계적 정확성을 넘어 출발 언어의 깊이와 맥락적 의미에 대한 재해석 능력을 키우고 통번역 결과에 대한 윤리적 책임 의식을 기르며, 통번역 전문가로서의 재해석과 주관적 의도를 부여하는 능력을 개발하는 데 중요한 역할을 한다. 따라서 포스트에디팅의 실무적 중요성을 논의하기 전에 전통적인 통번역학을 검토하여 그 근본적 가치와 과학 기술에 대한 인본주의적 개념을 이해하고 해석하는 것은 매우 중요하다.

21세기 통번역사는 발전된 AI 번역과 전통적 통번역학의 지식을 융합하여 새로운 형태의 역량을 개발하여야 하는 혁신의 현장에 놓여 있다. 어찌 보면 기계 번역에 대한 포스트에디팅은 간단해 보일 수 있다. 그러나 이는 번역 결과를 수정하는 기술적 작업일 뿐 아니라 번역 결과에 대한 재해석과 객관화를 넘어선 전문가의 주관화 과정이며, 텍스트의 문화적 맥락을 보완하고 통역사의 창의성을 부여하는 심오한 과정이다. 그러므로 통번역사는 텍스트의 의미를 심화하여 텍스트가 목적하는 기능에 적합하면서도 도착 언어 사용자의 기대에 부응하도록 포스트에디팅 과정을 고도화할 수 있어야 한다.

전통적인 통번역 이론은 이러한 포스트에디팅 역량 강화와 창의적 행위로서의 통번역을 수행하는 데 중요한 관점을 제공한다. 예를 들어서 스코포스 이론Skopos Theory은 통번역된 도착 언어의 기능과 목적을 기준으로 작업의 성공 여부를 평가할 수 있게 하며, 도착 언어 사용자 중심의 접근을 강조하여 포스트에디팅 과정에서 도착 언어 사용자의 문화적·언어적 배경을 고려하는 데 다양한 도움을 준다. 또 미국의 언어학자 델 하임즈Dell Hymes가 제시한 의사소통 성분 분류는 통번역사가 단순한 문법적 정확성을 넘어 맥락적 일관성과 문화적 적합성을 고려하도록 유도한다(1966). 통번역사는 이러한 이론을 바탕으로 •DX 시대가 제공하는 기술에 인본주의저 윤리와 책임, 그리고 창의성을 결합한 크로스오버 전략을 구사하여 기술 중심의 통번역 시대에도 독보적인 예술성과 전문성을 유지하여야 한다.

•DX=DT
(Digital Transform)
디지털 기술과 도구를 사회 전반에 적용하여 전통적인 사회 구조를 혁신하는 것을 뜻한다. 이때 'Transform(전환)'은 'Cross(경계 넘기)'의 의미를 더해 통상 'X'로 표기한다.

주요 개념

21세기 통번역사의 전략

• 포스트에디팅　AI 번역을 이용하여 빠른 시간 내에 확보한 번역 초안을 통번역사가 전문성을 바탕으로 재해석하고 주관화함으로써 AI 번역이 다루지 못한 언어문화의 맥락을 재구성하고 창의성을 부여하는 과정이다.

• 크로스오버　문화적 맥락이 중요한 언어를 통번역할 때 일부에는 도착 언어 사용자의 이해를 우선시하는 전략을 적용하고, 다른 부분에는 출발 언어의 정체성을 살리는 전략을 사용하는 것을 크로스오버 전략의 한 사례로 들 수 있다. 이러한 관점에서 AI 번역과 통번역사의 능력을 혼합하여 통번역의 효율성과 품질을 향상시키는 것도 통번역의 크로스오버 전략이라 할 수 있다.

핵심 요약

1. 19세기 카메라의 등장은 화가들에게 새로운 예술적 방향을 모색하게 하여 새로운 예술 사조를 탄생시켰다. 현재 AI 번역의 발달 또한 카메라의 등장이 그러하였듯 통번역사의 역할을 더욱 창의적인 방향으로 진화시킬 것이다.

2. 통번역사는 의사소통의 중재자로서 통번역의 과정 자체가 통번역사의 창의성이 요구되는 하나의 창조적인 예술 활동임을 인식하여야 한다.

3. 통번역사는 AI 번역과의 협업으로 시너지를 극대화하여야 한다. 이를 위해 통번역사는 문화에 대한 깊은 이해와 지식, 전통적 통번역학에 대한 성찰을 겸비하고 포스트에디팅 역량을 강화하여 크로스오버 전략으로 구사할 수 있어야 한다.

전략 구상

1. 통번역사의 창의적 사고란 무엇이며 어떻게 발현되는지 생각하여 보자.

2

언어와 사고, 언어와 문화

 **POINT !**

- 언어와 사고 및 문화의 관계를 이해하고, 포스트에디팅 전략을 통해 언어 간 통번역의 가능성을 탐색한다.
- 통번역사로서 사회적·문화적 함의를 고려한 재구성 전략에 대해 이해한다.

전통저으로 번역은 하풍이나 문예적 사주와 감이 시대에 따라 다양한 방식으로 정의되었다. •17세기 프랑스 고전주의 시대에 번역은 원문의 정확한 전달에 방점을 두었다. 당시 번역은 원문의 권위와 구조·내용의 보존 및 유지에 중심을 두었으며, 번역 행위의 주요한 관심은 재현에 있었다. 이는 번역을 원문에 충실한 작업으로 간주한 •문법주의Grammarism 적 관점에서 비롯된 것이라고도 설명할 수 있다.

•19세기 독일 낭만주의 시대에 번역은 새로운 문학적 표현의 장으로 인식되었다. 독일 낭만주의 번역가들은 원문과 번역문 간의 창의적 균형을 중요시하여, 번역이 단순한 의미 전달의 수단이 아니라 문화 간 소통의 행위이자 예술적·창조적 행위임을 인정하였다. 그래서 독일의 철학자 프리드리히 슐라이어마허Friedrich Schleiermacher는 "독자를 원문으로 데려가거나, 원문을 독자에게 데려가는" 두 가지 번역 방법론을 제시하며 창조성에 기반한 번역 가능성과 번역 불가능성을 논하기도 하였다(1813).

•17세기
프랑스 고전주의
이성과 객관성, 합리성을 기저에 둔 문예 운동이다.

•**문법주의**
번역 과정에서 출발 언어와 도착 언어의 문법적 구조·규칙·문장 요소의 기능 등을 철저히 분석하여야 한다는 접근법이다.

•19세기
독일 낭만주의
고전주의에 대한 반동으로 나타난 사조로, 개인의 감성과 상상력·지각 등을 중시한다.

<표 2-1> 번역학의 주요 개념어

개념어	정의
직역과 의역	원문의 형식에 충실한 직역과 번역문의 자연스러움에 충실한 의역에 대한 논쟁은 고대부터 있어 왔다. 번역학은 번역의 충실성과 독자 중심의 적응성을 비교하는 이러한 논쟁에서 형성되었다.
번역 가능성과 번역 불가능성	슐라이어마허와 같은 독일 낭만주의 학자들은 각각의 언어가 가진 개별성 때문에 번역에는 본질적 한계가 있다고 주장하였다. 이로 인해 원문의 의미가 번역 과정에서 왜곡될 수 있음을 지적하는 한편, 번역사의 중개로 번역이 가능함도 주장하였다.
상대적 번역 가능성	모든 언어가 개별성을 가지고 있다는 사실을 인정하면서 의미와 표현의 중재를 통해 번역이 가능하다는 개념이다. 이는 번역이 언어적 전환이 아닌, 문화적 맥락을 고려한 창의적 행위임을 강조한다.
등가 (Equivalence)	20세기 중반 이후 미국의 언어학자 유진 나이다(Eugene Nida)는 최대한 원문에 가깝게 축자적으로 번역하는 형식적 등가(Formal Equivalence)와, 번역문의 독자가 원문의 독자와 유사한 경험을 하는 데에 초점을 맞춘 역동적 등가(Dynamic Equivalence)라는 개념을 제시하여 번역의 의사소통적 기능을 강조하였다(1964).

일본에서는 19세기 후반 메이지 유신 이후, 서구 문물을 받아들이는 과정에서 통역과 번역의 기능이 크게 확대되었다. 서구 학문과 기술을 일본어로 재현하고 전환하는 과정에서 •축자역이 활용되어 일본의 근대화를 촉진하였으며, 이 시기 통역과 번역은 언어적 전환을 넘어 새로운 지식 체계와 개념을 도입하는 문화적 전환의 도구로 자리 잡았다.

이렇듯 근대 번역학은 문법주의와 •원리주의Principlism적 관점에서 출발하여 번역 가능성과 불가능성의 논의를 거쳐 의사소통적 접근을 통한 상대적 번역 가능성의 개념을 도출하였다. 번역학의 발전 과정을 톺아보기 위한 주요 개념어를 정리하면 〈표 2-1〉과 같다.

• 축자역(逐字譯)
원문의 구절을 하나하나 그대로 본래의 뜻에 충실하게 번역하는 방식이다.

• 원리주의
번역의 목표가 출발 언어의 기능·의도·문화적 맥락 등을 도착 언어 사용자에게 적절하고 효과적으로 전달하는 데 있다고 보는 접근법이다.

01
언어와 사고

'언어'와 '사고'는 인간과 동물을 구별하는 두 가지 중요한 특징이다. 이는 통번역학에서도 주목하여야 할 주된 개념으로, 통번역 행위에서 반복되는 '이해'와 '재구성'의 가능성을 설명하는 데 큰 의미를 가진다. 언어와 사고의 관계에서 '언어가 사고를 지배'하는지, 아니면 '사고가 언어에 선행'하는지는 통번역 가능성과 불가능성에 대한 논의를 담고 있다. 그래서 언어와 사고의 관계에 대한 이해는 의사소통 전문가로서의 통번역사에게 '창의적인 언어의 사용'과 '의미의 재구성'이라는 통번역 행위를 설명할 유의미한 관점을 제공한다.

먼저 '언어가 사고를 결정한다.'는 언어 결정론의 관점은 사용하는 언어에 따라 사람들의 인식과 사고방식이 달라질 수 있다고 주장한다. 예를 들어 한국어 사용자는 음양오행 사상에서 유래한 오방색에서 하양과 검정을 제외한 '파랑'·'노랑'·'빨강'만으로 무지개의 색깔을 인식할 수 있었다. 그러나 서구권 사람들은 무지개의 색깔을 여섯 일곱 가지 색으로 구분하고, 아프리카 짐바브웨의 한 부족인 쇼나족은 세 가지 색으로 구분한다. 이는 각 언어가 가지고 있는 색깔 관련 어휘의 수에 따라 해당 언어 사용자의 색깔 인식에도 차이가 생김을 보여 준다. 미국의 언어학자 벤저민 리 워프Benjamin Lee Whorf는 이러한 관점을 반영하여 "언어는 우리의 행동과 사고방식을 결정한다."

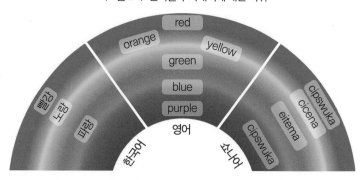

〈그림 2-1〉 언어별 무지개색에 대한 어휘

라고 말했다(1964). 그에 따르면 인간은 언어를 통해 세계를 인식하므로, 언어 개념의 수에 따라 시각적인 현상을 구분한다.

반면, '사고가 언어보다 우위에 있다.'는 관점은 사고나 느낌을 언어로 완전히 표현할 수 없다고 본다. 예를 들어 "형언할 수 없지만 …하다." 또는 "말로 다 표현할 수 없을 만큼 …하다." 등의 표현은 사고의 복잡성과 깊이를 언어가 완벽하게 전달하지 못할 수 있음을 보여 준다.

언어와 사고의 관계는 통번역의 맥락에서도 서로 큰 영향을 주고받으므로, 통번역사는 언어를 통해 형성되는 사고 및 사고를 통해 만들어지는 언어 표현의 특성을 반드시 이해하여야 한다. 나아가 이러한 관점을 통번역을 수행하는 과정에 적용하여 어떻게 설명할 수 있을지도 고려하여야 한다. 이는 통번역사로 하여금 더욱 정확하고 효과적인 소통을 시도할 수 있게 하고, 통번역 행위의 문화 장벽을 넘는 교량적 역할에 대해 중요한 관점을 제공해 줄 것이다.

AI 시대 통번역의 포스트에디팅 전략

언어의 보편성과 통번역 가능성

20세기를 대표하는 언어의 보편성이라는 개념은 통번역의 가능성을 설명하는 중요한 이론적 토대이다. 언어학에서 보편성은 모든 언어에 공통적으로 드러나는 기본적인 특성과 구조를 지칭한다. 미국의 언어학자이자 철학자 노엄 촘스키Noam Chomsky의 •보편 문법 이론Universal Grammar Theory은 이러한 논의를 학문적으로 구체화한 대표적인 사례이다(1965). 그는 인간이 자연적으로 사용하는 자연어는 공통적인 내적 규칙과 구조의 보편성을 기반으로 한다고 주장하며, 이로 인해 언어 간 의미 전달이 가능하다는 논리적 근거를 제공하였다. 이처럼 통번역의 가능성에 대한 논의는 언어 간 차이를 인정하면서도 보편성을 통해 그 차이를 극복할 수 있다는 주장에 기반한다. 이러한 주장을 통해 통번역은 표면적인 단어의 치환이 아니라, 언어 내적 구조와 의미의 본질을 파악하여 이를 다른 언어로 재구성하는 과정으로 정의된다. 형식적 구조는 달라도 모든 언어는 개념을 전달하는 의미적 기능을 가지므로, 이러한 보편성 덕분에 특정 개념이 한 언어에서 다른 언어로 통번역될 수 있다고 보는 것이다.

통번역의 가능성에 대한 또 다른 근거는 인간의 인지와 경험에서 찾을 수 있다. 언어는 인간의 사고와 밀접하게 연관되어 있으며 모든 언어는 인간의 공통된 경험을 반영하고 있다. 따라서 통번역은 각기 다른 언어들이 인간의 경험과 사고를 표현하는 방식의 차이를 중재하고 재조정하는 과정으로 설명할 수 있다. 이러한 접근은 의미의 완전한 일치보다는 상대적 등가를 강조하여, 언어 간 상대적 의

●보편 문법 이론
인간이 보편적으로 모국어를 습득하고 사용할 수 있다는 사실에 입각하여 모든 언어가 공유하는 동질적인 원리, 즉 보편 문법이 존재한다고 주장하는 이론이다.

미 전달을 통한 통번역의 가능성을 설명한다.

이러한 언어의 보편성은 통번역의 가능성을 설명하는 중요한 개념적 틀을 제공한다. 즉, 보편 문법 이론과 인간의 공통된 인지적 기반이라는 개념을 통해 통번역이 언어적 전환을 넘어 문화 간 이해와 소통을 가능하게 함을 알 수 있다. 이는 통번역의 가능성을 보여줄 뿐 아니라 통번역이 서로 다른 문화와 언어를 잇는 다리로서 기능함을 의미한다.

〈그림 2-2〉 언어와 사고, 그리고 통번역

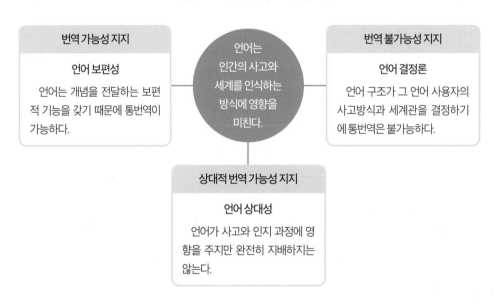

AI 시대 통번역의 포스트에디팅 전략

사피어-워프 가설과 통번역학

독일계 미국의 인류학자이자 언어학자인 에드워드 사피어^{Edward} ^{Sapir}는 《Language》를 통해 "언어가 인간의 사고와 세계를 인식하는 방식에 영향을 미친다."고 주장하였다(1921). 이 관점은 그의 제자인 워프에 의해 '사피어-워프^{Sapir-Whorf} 가설'로 발전되었다. 언어가 인간의 사고 및 인지에 미치는 영향을 설명하는 이 가설은 '언어 결정론^{Linguistic Determinism Hypothesis}'과 '언어 상대성^{Linguistic Relativity}'이라는 두 가지 가설을 내포하고 있다.

언어 결정론은 언어가 사고를 결정한다는 강한 가설로, 특정 언어 구조가 그 언어 사용자의 사고방식과 세계관을 결정한다고 주장한다. 이 가설은 각기 다른 언어가 각기 다른 사고방식을 반영하기 때문에 완전한 통번역은 불가능하다는 통번역 불가능성을 뒷받침한다. 한편 언어 상대성은 언어가 인간의 사고와 인지 과정에 영향을 주지만 완전히 지배하지는 않는다고 보는 약한 가설로, 서로 다른 언어 체계가 동일한 세상을 각기 다른 모습으로 인지하도록 만든다고 설명한다.

'눈[雪]'에 대한 이누이트족의 언어와 영어의 비교 사례는 언어가 세계를 지각하는 방식에 영향을 미친다는 언어 상대성을 뒷받침한다. 사피어-워프 학파는 영어 사용자가 일반적으로 'snow'라는 단일 어휘를 사용하는 반면 이누이트족은 눈의 상태를 다양한 어휘로 표현한다는 사실에 주목하고, 이는 이누이트족이 눈의 미세한 변화를 더 세밀하게 인식할 수 있는 환경적 요인과 언어가 상호 작용한 결과라고 설명한다. 이 사례는 특정 환경에서 요구되는 의사소통의 필요가 언어 구조의 발달과 어휘 확장에 영향을 미친다는 해석을 가능하게 한다.

그리하여 사피어-워프 가설은 통번역 행위가 사고의 전환이 필요한 과정임을 설명하는 데 중요한 역할을 한다. 이 가설에 따르면 서로 다른 언어를 사용하는 두 문화는 사고방식·세계관·감정 표현 방식에서 차이를 나타낸다. 그러므로 통번역사는 출발 언어를 도착 언어로 옮길 때 문장의 형태와 구조 중심의 통번역을 넘어, 출발 언어가 담고 있는 문화적 맥락과 그 언어가 반영하고 있는 사고방식을 전달하여야 하는 과제를 안게 된다. 이는 통번역이 그 자체로 인간의 창의적인 행위임을 잘 보여 준다.

사피어-워프 가설은 몇 가지 한계도 갖고 있다.

먼저, 언어가 사고를 결정한다는 주장 자체를 뒷받침하는 증거가 명확하지 않다. 예를 들어 이누이트족의 언어에 눈을 묘사하는 다양한 단어가 존재한다고 해서 그것이 이누이트족의 사고방식을 결정짓는다고 단언할 수는 없다. 이로써 언어적 차이가 사고방식의 차이를 일으키는 것인지, 거꾸로 사고방식의 차이가 언어적 구조에 영향을 미치는지에 대한 명확한 인과 관계가 입증되기 어렵다.

언어를 사용하지 못하는 사람들, 예를 들어 실어증 환자나 언어 발달 장애인도 여전히 사고할 수 있다는 사실은 언어가 사고를 결정짓는다는 가설을 반박하는 중요한 논거로 제시되곤 하였다. 이는 사고와 언어가 일방향적 관계이기보다 상호 작용적 관계임을 보여

AI 시대 통번역의 포스트에디팅 전략

주는 증거이기도 하다. 따라서 언어가 사고를 완전히 결정짓는다는 언어 결정론보다, 언어가 사고에 영향을 미칠 수는 있지만 결정적 요인은 아니라는 언어 상대성 이론이 좀 더 합리적으로 여겨지고 있는 추세이다.

이러한 한계에도 불구하고 사피아-워프 가설은 통번역사에게 통번역이 단순히 언어적 변환을 수행하는 것을 넘어, 한 문화의 사고방식을 다른 문화의 사고방식으로 전환하는 역할을 맡고 있음을 이해하게 한다. 즉, 통번역은 언어를 중심으로 한 형태적·구조적 전환을 넘어 두 문화 간 사고방식과 세계관 및 가치 체계의 차이의 전환을 포괄하는 과정이다. 통번역사는 한 언어에서 중요한 문화적 의미를 지닌 단어가 다른 언어에서는 동일한 의미로 전달되지 않을 수 있음에 유의하고, 문화적 맥락과 의미를 정확히 전달하는 것이 중요한 과제 중 하나임을 명심하여야 한다.

통번역학 관점에서의 언어 구조와 사고방식

언어는 단지 대화를 나누는 수단이 아니라 사용자의 생각과 세계관, 나아가 정체성을 형성하는 중요한 요소이다. 그러므로 언어의 구조 또한 사람이 세상을 바라보는 방식과 밀접하게 관련되어 있으며, 문화에도 큰 영향을 미친다.

예를 들어 한국어와 영어의 언어 구조를 살펴보자. 두 언어는 문장을 구성하는 방식부터 다른데, 한국어의 평서문이 일반적으로 문장의 끝에 서술어로서의 동사가 위치하는 'SOV[주어-목적어-동사]'

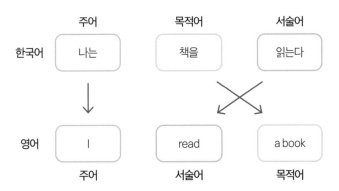

〈그림 2-3〉 한국어와 영어의 평서문 구조

구조인 반면, 영어의 평서문은 'SVO[주어-동사-목적어]' 구조여서 서술어인 동사가 문장 중간에 위치한다. 이러한 차이는 정보를 전달하고 이해하는 순서에 영향을 미치며, 두 언어를 사용하는 사람들의 사고방식과 의사소통 방법 및 형식에도 차이를 만든다. 한국어 사용자는 한국어의 구조 때문에 끝에 있는 서술어까지 들어야 발화자의 정확한 의도를 알 수 있지만, 영어 사용자는 문장의 초반에 제시되는 서술어를 통해 주어의 행동 의도와 방향성을 파악할 수 있다.

이러한 언어 구조에 대한 이해를 바탕으로 한 숙련된 전환 능력은 통번역 과정에서 발생할 수 있는 어려움을 줄이고, 더 효과적인 의사소통이 가능하게 한다. 그러므로 성공적인 통번역은 두 언어 간의 언어적 일치를 넘어, 언어 구조가 사고와 문화에 미치는 영향을 심층적으로 이해하는 데 달려 있다. 이를 위해 통번역학에서는 언어의 구조적 차이에 대한 학습과 어순·문법적 특징·단어 사용 등 각 언어의 고유한 형태적 특성을 이해하여야 함을 강조한다. 즉, 서로

AI 시대 통번역의 포스트에디팅 전략

다른 언어와 문화적 배경을 가진 사람들 간 의사소통을 책임지는 통번역사에게 언어 구조에 대한 이해는 *필수적 역량이다.

한편, 언어와 문화는 불가분의 관계이므로 통번역을 다루는 외국어 학습 과정은 단순히 언어의 문법적 구조와 발음 규칙을 배우고 익히는 것에 그치지 않고 해당 언어가 사용되는 문화의 의사소통 방식·생활 양식·사회적 상호 작용을 이해하는 단계까지 포함하여야 한다. 통번역사는 자신이 상대하는 언어가 단순한 소통 도구가 아니라 언어 *공동체의 문화와 가치관을 담고 있는 요소임을 이해하고, 이를 효과적으로 전환하기 위해 출발 언어 공동체와 도착 언어 공동체에 대한 깊이 있는 문화적 이해를 가져야 한다.

이를 위해 통번역사가 반드시 고려하여야 할 것이 바로 문화적 특수성이다. 특정 문화의 가치와 규범은 다른 문화권에서 전혀 다르게 해석될 가능성이 있으므로, 통번역사는 그 차이를 이해하고 조정하는 능력을 반드시 갖추어야 한다. 예를 들어 청소년들이 쓰는 은어나 특정 문화의 유머를 통번역할 때 통번역사가 그 문화적 맥락을 깊이 이해하여야 정확한 의미를 전달할 수 있다. 한국어의 경어법을 대할 때도 단순한 언어적 지식을 넘어 문화적 맥락에 대한 이해가 필요하며, 이는 통번역사가 더 정확하고 자연스러운 한국어 통번역을 수행하는 데 중요한 역할을 한다.

문화적 특수성에 대한 몰이해는 실제 통번역 상황에서 심각한 오해를 불러올 수도 있다. 1980년, 미국과 일본의 한 외교 회의에서 발생한 사건이 이를 잘 보여 준다. 회의 중 일본 대표가 영어로 "We

●**통번역사의 필수적 역량**
정확한 언어 구사력·문화 간 이해·전문 지식·윤리 의식·상황 적응력·청취 및 분석 능력 등이 포함된다. 통번역사는 이러한 역량을 필수적으로 갖추어 원활한 의사소통을 원활히 중재하여야 한다.

●**공동체의 문화와 가치관**
특정 사회 구성원들이 공유하는 신념·규범·전통·행동 양식 등을 말한다. 이는 공동체의 정체성을 형성하고 사회적 상호 작용과 의사 결정에 영향을 미치는 핵심 요소이다.

will consider it."이라고 발언하자, 미국 대표는 이를 적극적인 긍정의 의미로 받아들였다. 그러나 일본에서 '검토해 보겠다.'는 매우 소극적이거나 오히려 부정적인 태도에 가까운 의사 표현이다. 이러한 오해는 일본어의 간접적이고 완곡한 표현 방식과 영어의 직접적이고 단호한 표현 방식의 맥락적 차이에서 비롯되었다. 중요한 의사소통에 오해를 겪은 양측은 이후 추가 협상을 하게 되었다. 이 사건은 문화적 특수성과 문화적 맥락에 대한 통번역사의 이해 부족이 외교 협상과 같은 민감한 상황에서 심각한 결과를 초래할 수 있음을 잘 보여 준다.

살펴본 바와 같이 통번역 교육 과정에서는 언어적 교육뿐만 아니라, 해당 언어가 속한 문화의 가치와 정체성에 대한 교육도 반드시 실행되어야 한다. 언어는 그 자체로 하나의 문화적 표현 방식이기 때문에, 문화적 이해 없이 해당 언어를 완전하게 이해하고 통번역하기는 어렵다. 예를 들어 한국어 통번역사에게 한국어를 배우고 사용하는 것은 단순한 언어 습득을 넘어, 문화적 이해와 깊이 있는 의사소통 역량을 함양하는 과정이어야 한다. 한국 문학·한국 음악·한국 미술·한국 영화 등 다양한 한국의 문화 콘텐츠에 대한 이해는 한국어의 언어적 뉘앙스를 파악하여 한국어를 사용하는 사람의 감정과 더 깊이 소통할 수 있는 방법이자 통로가 된다. 한국어 통번역사가 이러한 문화적 산물을 통해 한국어에 대한 이해를 충분히 확장할 수 있다면, 통번역의 현장에서 더 풍부하고 정확한 통번역을 수행할 수 있다.

AI 시대 통번역의 포스트에디팅 전략

02
언어와 문화

　현대 사회에서 통번역사의 역할은 다양한 문화적 맥락에서의 원활한 의사소통에 중점을 둔다. 이 과정에서 통번역사는 여러 문화적 요소와 관습 및 가치관을 이해하고 이를 적절하게 전달하는 중요한 역할을 수행하여야 한다. 예를 들어 한국어 통번역사는 자신의 모국어 문화와 한국어 문화 간 만남의 현장에서 문화적 불일치로 인한 소통이 어려움이 종종 발생할 수 있음을 분명하게 인지하고, 이를 해결하는 것이 전문 통번역사의 가장 기본적이면서도 중요한 임무 중 하나임을 염두하여야 한다.

　기성세대는 젊은이들이 개인주의 혹은 개성주의를 가지게 된 것이 현대적 삶의 황폐화 때문이라고 말한다. 이는 같은 문화권 내에 세대 간 소통이 부재함을 드러내는 현상으로, 하나의 문화권에서도 다양한 문화적 요소가 존재하여 서로 다르게 해석될 수 있고 이로 인한 오해와 갈등이 비롯될 수 있음을 보여 준다. 그러므로 서로 다른 둘 이상의 문화권을 소통하는 통번역에서 •문화적 간극은 더 클 수밖에 없고, 이를 메워야 하는 통번역사를 소통의 전문가라고 부르는 건 어쩌면 당연지사다. 통번역사는 다양한 문화의 뒤섞임을 이해하고 그 안에서의 문화적 간극의 원인을 발견하며, 문화적 차이를 극복할 수 있는 방법을 찾아낼 수 있어야 하기 때문이다.

　통번역사는 문화적 간극을 해소하기 위해 각 문화에서 일반적으

•문화적 간극
서로 다른 문화권 사이에서 발생하는 사고방식·언어 표현·관습 등의 차이를 의미한다. 통번역사는 이를 고려하여 적절한 의사소통이 이루어지도록 조정하여야 한다.

로 간주되는 행동이 다른 문화에서는 어떻게 달리 해석되는지를 끊임없이 고려하여야 한다. 그리고 이를 통해 다른 문화 간 의사소통에서 발생하는 어려움을 인식하고, 대화 참여자 간 이해와 소통을 도모하여야 한다. 또 통번역사는 문화적 요소가 실제 상황에서 보여주는 다양한 양상에 대해 깊이 이해하기를 시도함과 동시에 여러 변수도 생각하여야 한다. 예를 들어 개인의 사고와 태도·공간과 시간에 대한 관념·사회 조직의 방식 등을 고려하여 통번역 행위가 효과적인 의사소통이 될 수 있도록 전략을 마련할 수 있어야 한다.

언어와 문화의 상호 의존성

사피어는 사회적으로 공유된 관습과 신념의 총체인 문화가 없다면 언어가 존재할 수 없다고 정리하였다(1921). 이는 문화적 맥락에 대한 이해 없이 언어만을 이해하고자 한다면, 그 이해는 불완전할 수밖에 없음을 뜻한다. 이처럼 문화를 기반으로 하는 언어의 이해는 통번역사 교육에 있어서 문화적 맥락 이해가 왜 필수적인지를 설명해 주며, 언어와 문화가 불가분의 관계에 놓여 있다는 통번역학에서의 중요한 교육적 근거를 제공하여 준다.

언어와 문화의 상호 의존성은 중국의 언어학자인 장웬잉姜文英의 연구를 살펴보면 더욱 이해하기 쉽다(2000). 그녀는 언어와 문화의 관계를 세 가지 관점에서 은유적으로 설명하고 있다.

먼저 언어와 문화를 각각 '살덩어리'와 '혈액'으로 비유하여, 두 요소가 분리될 수 없는 하나의 유기체를 형성한다고 설명한다. 이는 언어와 문화 중 어느 하나라도 결여된다면 각각이 그 존재 자체를 설명할 수 없다는 의미를 담고 있다. 이 비유는 통번역 교육에서 언어만큼이나 문화에 대한 이해와 분석, 그리고 문화에 대한 재구성 능력이 중요한 요소임을 말해 준다.

장웬잉은 의사소통 활동을 '수영'으로 보고, 언어를 '수영 기술'에 문화를 수영 기술을 펼칠 수 있는 '물'에 각각 비유하기도 하였다. 이는 수영을 하려면 수영의 기술도 중요하지만 무엇보다 수영을 할 수 있는 물이 필수적인 것처럼, 의사소통 전문가로서 통번역사가 의사소통 참여자 간 문화 차이를 이해하고 통번역을 수행하는 과정에서 문화적 소통을 적절히 조정할 수 있어야 함을 설명하고 있다.

마지막으로, 언어와 문화가 함께 사용되는 의사소통을 '운송'에 빗대어 언어와 문화를 각각 '운송 수단'과 '교통 신호'라고 비유하였다. 이는 언어적 능력과 함께 문화적 규범Cultural Norms과 규칙에 대한 이해가 원활한 의사소통에 필수적인 요소임을 말해 준다. 이러한 비유는 통번역사가 문화적 간극을 기반으로 서로 다른 문화의 규범을 정의하고 *문화 전환의 전략을 활용하여야 효과적인 의사소통이 가능해짐을 설명하고 있다.

장웬잉의 연구에서 보듯이 언어와 문화는 상호 의존적 관계를 맺고 있어, 언어는 문화를 반영하고 문화적 상황은 언어를 통해서 표현된다. 따라서 통번역사가 문화 간 의사소통의 효과를 이해하기 위해서는 다양한 문화적 매개 변수의 역할을 먼저 이해하여야 한다.

* **문화 전환의 전략**
통번역 과정에서 문화적 차이를 고려하여 표현을 조정하는 방법이다. 이는 서로 다른 문화의 규범을 반영하여 원활한 의사소통을 돕는다.

한국어로 살피는 문화적 특성과 통번역의 중요성

언어는 그 사회의 문화를 반영하여 담는 그릇이고, 문화는 언어를 통해 형성되고 전달되는 상징화된 개념이다. 그러므로 언어와 문화의 상호 작용은 통번역사의 교육과 통번역 행위에서 매우 중요한 요소이다. 예를 들어 한국어 통번역 실무에서 정확하고 자연스러운 의사소통을 완성하기 위해서는 한국어의 언어적·문화적 특성을 깊이 있게 이해하고 있어야 한다. 한국어의 독특한 언어적 특성은 문화적 배경과 긴밀히 연결되어 있으며, 이에 대한 이해는 통번역의 정확성을 높이는 데 중요한 역할을 하기 때문이다.

예를 들어 한국에서는 '파란불이 켜졌을 때 길을 건너야 한다.'고 말하지만, 한국 신호등에는 파란불Blue Light이 없고 초록불만 있다. 이를 두고 한국어가 '파란색'과 '초록색'을 구분하지 않는 언어라고 생각한다면 한국어와 한국 문화를 올바로 통번역하기 어렵다. 제대로 된 통번역을 수행하기 위해서는 본래 한국어에는 '파란색/청색'과 '푸른색/초록색/녹색'의 구별이 미미했고, 오늘날까지 '푸르다'가 포괄적으로 사용되고 있다는 한국의 언어문화적 특질을 이해하여야 한다.

이제 구체적인 예시로 한국어의 문화적 매개 변수를 들어 문화적 특성 이해의 중요성에 대해 알아보도록 하자.

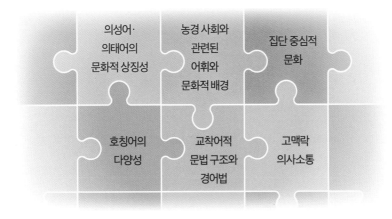

〈그림 2-4〉 한국어의 문화적 매개 변수

의성어·의태어의 문화적 상징성

농경 사회와 관련된 어휘와 문화적 배경

집단 중심적 문화

호칭어의 다양성

교착어적 문법 구조와 경어법

고맥락 의사소통

① 의성어·의태어의 문화적 상징성

한국어는 의성어·의태어와 같은 부사 어휘가 풍부한 언어이다. 이들 어휘는 단순한 물리적 감각 표현을 넘어, 다양한 감정과 느낌을 나타낸다. 예를 들어 '아삭아삭'·'덜커덩덜커덩'과 같은 의성어나 '뻘뻘'·'두근두근'·'뭉게뭉게'와 같은 의태어는 단순히 소리나 동작·상태를 묘사하는 것이 아니라, 감정적이고 문화적인 상징 체계와 관련되어 있으므로 다른 언어로는 적절한 표현을 찾기 어렵다. 섬세한 감각어가 발달한 한국어의 언어적 특성상 그 문화적 의미를 정확하게 전달하는 것은 매우 중요하므로, 한국어 통번역사라면 문화적 맥락에 맞게 이러한 표현을 적절히 해석하여 도착 언어에서 그 의미와 역할에 맞는 등가성 높은 표현을 찾을 수 있어야 한다.

② 농경 사회와 관련된 어휘와 문화적 배경

한국 사회에서는 농업을 중심으로 한 경제 구조가 오랫동안 지속되어 왔다. 이로 인해 한국어는 농사와 관련된 어휘가 다양하게 발달하는 등 농경 사회의 언어적·문화적 특징이 강하게 드러난다. 예를 들어 한국어에서 비를 묘사하는 단어들, 즉 가랑비·보슬비·소나기·여우비 등은 비가 내리는 시기와 양상에 따라 다양하게 사용된다. 이는 농경 사회에서 기후와 날씨가 중요한 요소로 작용하였음을 반영하며, 한국어 통번역사는 이러한 어휘의 문화적 맥락을 이해하고 적절히 통번역할 수 있어야 한다.

③ 집단 중심적 문화

한국이 집단 중심적 문화임을 보여 주는 대표적인 사례로 한국어의 '우리'라는 표현을 들 수 있다. 한국인은 가족·조직·국가를 나타내는 데 '우리'라는 표현을 빈번하게 사용한다. 예를 들어 영어에서 'I'를 중심으로 한 표현이 사용될 때, 한국어에서는 '우리 집,' '우리 회사'와 같은 표현이 자주 사용된다. 따라서 이를 통번역할 때는 해당 문화에서의 차이를 정확하게 이해하고 충분히 고려하여야 한다. '조상'이라는 개념이 미국 등의 문화권에서 먼 친척 정도로 인식되는 반면, 한국에서는 거의 신성한 존재로 여겨지는 것도 그러한 문화적 특징 중 하나이다. 한국 사회의 집단 중심적인 부분은 속담에서도 잘 드러난다. '백지장도 맞들면 낫다.', '동냥자루도 마주 벌려야 들어간다.', '열의 한술 밥이 한 그릇 푼푼하다.'와 같은 속담은 협동과 연대를 중요시하는 한국 문화를 잘 보여 준다.

④ 호칭어의 다양성

한국어는 친족 관계를 나타내는 호칭어가 매우 세밀하게 구분되어 있다. 이는 한국이 오랫동안 가족 중심의 문화적 가치를 중시하는 사회였음을 보여 준다. 현대 한국어에도 부모의 형제·사촌·친인척을 포함한 다양한 관계를 나타내는 용어들이 존재하여, 외국인이 관계를 나타내는 호칭어를 정확하게 사용하는 데 애를 먹곤 한다. 이러한 호칭어와 인척 관계를 드러내는 문화적 요소는 한국의 가족 문화와 함께 깊은 사회적 유대감을 반영하고 있다. 이를 통번역할 때는 대응어 중심의 전환이 어렵기 때문에, 한국어 통번역사는 문화적 의미를 중심으로 전환하려는 노력과 시도를 하여야 한다.

⑤ 교착어적 문법 구조와 경어법

한국어는 •교착어적 문법 구조를 가진 언어로, 조사의 결합과 어미 변화, 이를 통한 경어법의 복잡성 등의 특징이 있다. 언어의 경어법은 그 사회의 계층 구조와 밀접한 관련이 있는데, 특히 한국어의 상대 경어법은 사회적 관계와 계급을 반영하는 비교적 복잡한 체계를 가지고 있다. 한국에서는 상대방에게 존경과 예의를 나타내기 위해 상대방의 연령·직위·관계에 따라 경어 표현을 달리 사용한다. 예를 들어 한국어의 '당신'이라는 표현은 말하는 이와 듣는 이 사이의 관계와 장소 그리고 사용 상황에 따라 달리 해석할 수 있다. 이

•교착어
실질적인 의미를 가진 단어에 문법적 기능은 있으나 독립성은 없는 요소를 차례로 결합하여 그에 따른 문법적 역할이나 관계를 나타내는 언어의 형태적 유형 중 하나이다.

처럼 상황 중심의 의미 구성적 특징은 다른 유럽 언어에서 찾아볼 수 없는, 한국어의 특성 중 하나이다. 통번역 과정에서 이러한 언어적 차이와 미묘함을 이해하고 정확히 전달하는 것은 문화적 간극을 메우고 성공적인 의사소통에 도달할 수 있게 하는 중요한 요소이다. 한국어 통번역사는 이러한 특징을 이해함으로써 한국어의 문법적 특성뿐만 아니라 그 문화적 맥락도 정확하게 전달할 수 있어야한다.

⑥ 고맥락 의사소통

한국어의 평서문 구조는 [주어-(목적어)-서술어]의 순서로 구성되는데, 발화 상황에서는 주어나 목적어와 같은 주요 성분이 생략되는 경우가 많다. 이러한 특징은 한국어가 맥락에 의존하는 •고맥락 언어High Context Language임을 말해 준다. 한국어 통번역사는 한국어 문장에서 주어나 목적어가 생략되더라도, 문장의 맥락을 통해 소통적 의미가 전달되는 발화 상황과 맥락에 주의를 기울여 통번역하여야 한다. 특히 고맥락 언어인 한국어를 •저맥락 언어Low Context Language로 통번역할 때는 생략된 정보를 어떻게 되살려 명확하게 표현할지 고려하여야 하며, 이 과정에서 언어적·문화적 차이를 극복하는 전략과 방법이 필요하다.

통번역사는 언어의 문화적 매개 변수가 될 수 있는 다양한 특성을 정확하게 이해하여, 사회적·문화적 함의를 고려한 재구성 전략

• 고맥락 언어
한 사회 내 공유되는 배경 정보가 많아, 암묵적이고 은유적이며 간접적인 방식으로 의사소통이 이루어지는 언어이다.

• 저맥락 언어
직접적이고 명시적인 방식으로 의사소통이 이루어지는 언어이다.

AI 시대 통번역의 포스트에디팅 전략

의 필요성을 이해하여야 한다. 그래서 통번역 행위는 문장 구조의 전환을 목표하기보다, 발화의 상황적 맥락과 문화적 배경에서 비롯된 의미 및 의도를 올바르게 전달하는 데에 중심을 두어야 한다. 이를 위해 통번역사에게는 생략된 정보나 숨겨진 사회적 맥락을 파악하고 이를 도착 언어에서 자연스럽게 재구성하는 능력이 요구된다.

구체적으로 경어법이나 호칭어와 같이 한국어에서 사회적 관계를 반영하는 요소들은 다양한 도착 언어에서 적절히 표현될 수 있어야 한다. 한국어를 영어처럼 구조적으로 명확한 주어와 대명사를 사용하는 저맥락 언어로 통번역할 때는 생략된 주체나 객체를 문맥에 따라 명시적으로 복원하여야 한다. 이러한 재구성 과정은 언어적 전환이 아니라 문화적 이해와 해석을 포함하는 작업이므로, 통번역사는 전문가적인 시각에서 접근하여야 한다.

이러한 재구성 전략이 어떻게 실현되는지, 이후 장에서 다양한 사례와 이론을 검토하며 구체적인 논의를 이어 가도록 하자.

주요 개념

사피어-워프 가설

    언어와 사고의 관계를 설명하는 대표적인 이론으로, 언어가 사고를 결정한 다는 '언어 결정론'과 언어가 사고와 인지 과정에 영향을 주되 완전히 지배하지는 않는다는 '언어 상대성'으로 나뉜다. 각기 다른 언어는 각각의 사고방식을 반영한다는 이 가설은 통번역 행위가 사고의 전환이 필요한 과정임을 설명하는 데 중요한 역할을 한다. 더불어 문화가 없다면 언어가 존재할 수 없다는 사피어의 견해를 통해 통번역사는 통번역 시 문화적 맥락까지 고려하여야 함을 이해할 수 있다. 언어는 특정 사회의 관습과 신념을 반영하며, 문화 없이 온전하게 이해될 수 없다. 따라서 통번역사는 단순한 언어 전환을 넘어, 발화의 문화적 의미와 뉘앙스를 파악하고 재구성하여 전달할 수 있어야 한다.

핵심 요약

1. 통번역사는 특정 문화의 가치관과 정체성을 반영하는 언어의 특성과 그 문화적 함의를 정확하게 파악하여 전달하여야 한다.
2. 예를 들어 한국어 통번역사는 문화적 함의를 내포하고 있는 한국어의 문화적 매개 변수를 통해 그 언어적·문화적 특성을 깊이 이해하고 다른 언어로 적절하게 전달할 수 있어야 한다.

전략 구상

1. 사회적·문화적 맥락을 고려한 재구성 능력을 키우기 위해 통번역사가 고민하여야 할 점에 대해 생각하여 보자.

AI 시대 통번역의 포스트에디팅 전략

3

언어와
의사소통 1

POINT!

- 통번역 과정은 언어를 활용한 의사소통의 과정임을 이해한다.
- 의사소통으로서의 통번역에서 화제와 목적 선택에 대한 이해가 중요함을 인지한다.

통번역사는 언어적 요소뿐만 아니라 발화의 의도·문화적 맥락·상황적 조건 등을 모두 고려하여 메시지를 정확하고 효과적으로 전달하여야 한다. 이때 통번역은 언어를 전환하는 기술을 넘어 출발 언어와 도착 언어 간 의미를 조율하는 본질적인 의사소통 행위로 이해될 수 있다. 영국의 언어 철학자 폴 그라이스Paul Grice가 제안한 협동 원리Cooperative Principle와 하임즈가 제시한 의사소통 성분 분류SPEAKING Model는 성공적인 의사소통에 대한 이론적 기반을 제공하여 이러한 통번역의 핵심 원리를 이해하는 데 중요한 지침이 되어 준다.

통번역은 출발 언어와 도착 언어 간 의미를 조율하는 본질적인 의사소통 행위로 이해될 수 있다.

01
협동 원리와 통번역

1975년 그라이스는 〈Logic and conversation〉에서 성공적인 대화를 위해 대화 참여자들이 반드시 따라야 할 협동 원리가 존재한다고 주장하였다. 그는 이를 네 가지 대화의 격률, 즉 '질의 격률', '양의 격률', '관련성의 격률', '방법의 격률'로 제시하고 다음과 같이 설명하였다.

첫째, 질의 격률은 대화에서 진실한 정보를 제공하고 근거 없는 이야기를 하지 않아야 한다는 원칙이다. 이는 대화 참여자들 간에 신뢰를 형성하여 의사소통의 기본적인 신빙성을 유지하도록 한다. 둘째, 양의 격률은 대화 과정에서 서로 필요한 만큼의 정보를 제공하여 과도하거나 불충분한 정보 제공으로 대화의 흐름을 방해하지 않아야 한다는 원칙이다. 셋째, 관련성의 격률은 대화의 주제와 관련된 내용을 유지하라는 원칙으로, 일관성 있는 정보를 제공하여 대화의 논리적인 진행을 도와야 한다는 원칙이다. 넷째, 방법의 격률은 명확하고 간결한 대화를 위해 모호하거나 중의적인 표현을 피하고 불필요한 복잡함을 제거하라는 원칙이다. 이는 대화의 명료성을 보장하여 대화 참여자들이 더 쉽게 대화를 이해할 수 있도록 이끈다. 이 네 가지 격률은 대화의 효율성과 효과성을 높여 대화 참여자들이 성공적인 의사소통을 할 수 있도록 한다.

그라이스는 의사소통 과정에서 대화 참가자들이 이 격률들을 의도적으로 위반하는 경우가 있으며, 그때 다양한 함축적 의미가 생성된다고 말하였다. 이는 °대화 함축Conversation Implicature의 원리로 설명되는데, 격률 위반으로 생성되는 함축적 의미 파악의 중요성은 미국의 비교 문화학자 에드워드 사이드Edward Said의 《오리엔탈리즘Orientalism》의 번역 과정을 통해 이해할 수 있다. 이 책에 등장하는 "If these facts are facts, then we must conclude that the historical representation of the Orient is distorted."라는 문장은 질의 격률을 의도적으로 위반한 표현으로, "If these facts are facts"는 단순한 조건문이라기보다 해당 '사실들'이 정말로 '사실'인지에 대한 의구심을 함축적으로 드러내고 있다. 그러나 한국어 번역에서는 "이러한 사실들이 사실이라면, 우리는 오리엔트의 역사적 묘사가 왜곡되었다고 결론지을 수 있다."라고 표현됨으로써, 저자가 의도하였던 비판적 메시지와 반어적 함축이 온전히 전달되지 못하였다. 원문의 함축적 의미를 전달하기 위해서는 '이른바'라는 표현을 써서 원문이 가진 강한 반어적 의미를 유지하고 '정말'이라는 단어로 비판적 시각을 전달하여, "이른바 이러한 '사실들'이 정말 사실이라면, 우리는 오리엔트의 역사적 묘사가 왜곡되었음을 인정하여야 할 것이다."라고 번역하여야 옳을 것이다.

이 사례는 함축적 의미의 정확한 이해와 적절한 전달이 번역 과정에서 얼마나 중요한지를 보여 준다. 특히 원문의 반어적 표현과 비판적 의도가 제대로 번역되지 않을 경우, 번역문은 원문의 메시지를 왜곡하거나 약화시킬 위험에 놓이게 된다. 따라서 이 사례를 통해 번역

°**대화 함축의 원리**
의사소통 과정에서는 명시적이거나 발화된 것 이상의 의미가 암묵적으로 전달될 수 있다.

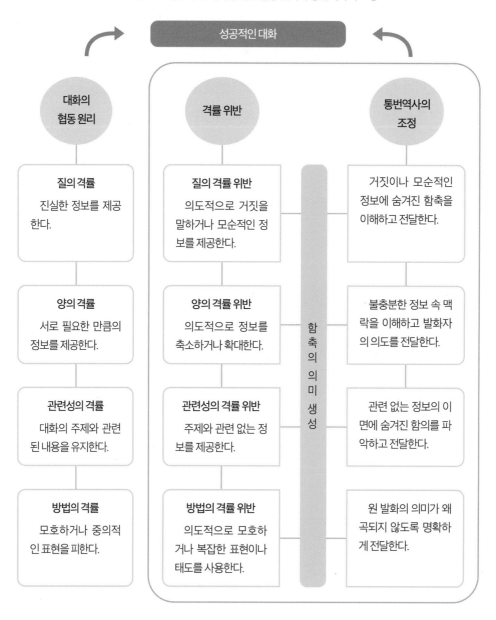

〈그림 3-1〉 성공적인 대화를 위한 협동 원리와 통번역사의 조정

성공적인 대화

대화의 협동 원리

질의 격률
진실한 정보를 제공한다.

양의 격률
서로 필요한 만큼의 정보를 제공한다.

관련성의 격률
대화의 주제와 관련된 내용을 유지한다.

방법의 격률
모호하거나 중의적인 표현을 피한다.

격률 위반

질의 격률 위반
의도적으로 거짓을 말하거나 모순적인 정보를 제공한다.

양의 격률 위반
의도적으로 정보를 축소하거나 확대한다.

관련성의 격률 위반
주제와 관련 없는 정보를 제공한다.

방법의 격률 위반
의도적으로 모호하거나 복잡한 표현이나 태도를 사용한다.

함축의 의미 생성

통번역사의 조정

거짓이나 모순적인 정보에 숨겨진 함축을 이해하고 전달한다.

불충분한 정보 속 맥락을 이해하고 발화자의 의도를 전달한다.

관련 없는 정보의 이면에 숨겨진 함의를 파악하고 전달한다.

원 발화의 의미가 왜곡되지 않도록 명확하게 전달한다.

이라는 행위가 언어를 전환하는 것에 그치지 않고, 텍스트에 함축된 의도와 의미를 유지하고 재구성하는 과정임을 재확인할 수 있다.

•화용론Pragmatics적 접근, 즉 그라이스가 제시한 협동 원리와 대화 함축에 대한 이해는 통번역의 실제에서 필수적이다. 통번역사는 단순한 언어적 전환에 그치지 않고, 출발 언어의 사회적·문화적 의미 재구성이라는 중요한 역할을 맡아, 발화의 맥락과 의도를 고려하여 그 함축적 의미를 정확하게 도착 언어로 전달할 수 있어야 하기 때문이다. 이를 위해 통번역사는 대화 함축의 원리에 따른 격률 위반이 통번역에 어떻게 적용되고 통번역 연구에 어떻게 활용될 수 있는지 이해하여야 한다.

질의 격률 위반과 통번역

질의 격률은 대화 참여자가 진실한 정보를 제공하고 근거 없는 내용을 말하지 않아야 한다는 원칙이다. 질의 격률이 위반될 때, 발화자는 의도적으로 거짓된 정보를 제공함으로써 청자가 특정한 사실을 추론하게 한다. 예를 들어 "런던은 프랑스에 있죠?"라는 질문에 "그럼, 서울은 미국에 있지."라고 의도적인 오류를 포함하여 답변하는 경우는 청자로 하여금 질문이 잘못되었음을 추론하도록 암시하는 것이다.

이렇듯 질의 격률 위반이 발생한 발화의 통번역에서 필수적인 것은 발화자의 정확한 의도 파악이다. 발화자가 의도적으로 거짓을 말하거나 모순적인 정보를 제공할 때, 통번역사는 그 숨겨진 함의를 이해하고 이를 명확하게 전달하여야 한다. 특히 외교 통역 상황에서 의도적으로 과장되거나 반어적으로 표현된 발화는 겉으로 드러나는 내용보다 그 이면의 정치적 함의가 더 중요할 때가 많다. 이러한 상황에서 통역사는 발화자의 진의를 정확히 파악하고, 이를 명확하게 전달함으로써 협력적 대화를 유지할 수 있도록 하여야 한다.

양의 격률 위반과 통번역

양의 격률은 대화에서 필요한 만큼의 정보를 제공하라는 원칙이다. 그리하여 양의 격률을 위반하는 발화자는 의도적으로 정보를 축소하거나 확대하여 청자가 의미를 추론하게 한다. 예를 들어 "전쟁에 대해 어떻게 생각해?"라는 질문에 "전쟁은 전쟁이지."라는 대답은 표면적으로는 아무런 정보도 제공하지 않지만, 이 대답이 가진 의미는 맥락에 따라 달라질 수 있다.

양의 격률 위반이 일어난 발화의 통번역에서 중요한 요소는 발화자의 의도 반영이다. 출발 언어의 대화에서 불충분한 정보가 주어졌다면, 통번역사는 그 맥락을 이해하고 발화자의 의도를 적절히 전달하여야 한다. 특히 문학 번역에서는 인물 간 대화에서 정보 부족이 긴장감을 조성하거나 독자의 추론을 유도하는 중요한 장치로 사용되곤 한다. 통번역사는 정보가 부족한 이러한 대화를 도착 언어로 전달하면서, 도착 언어 사용자가 대화에 함축된 의미를 정확하게 이해할 수 있도록 배려하여야 한다.

관련성의 격률 위반과 통번역

관련성의 격률은 대화의 주제와 관련된 정보를 제공하라는 원칙이다. 이 격률을 위반하는 발화자는 관련 없는 정보를 제공하는 듯싶지만, 실제로는 그 정보를 통해 특정한 함의를 전달하고자 한다. 예를 들어 "우리 놀이터 가자."라는 말에 "너 숙제는 다 했니?"라는 대답은 관련성이 없어 보이지만, 실질적으로는 숙제를 다 하지 못하면 놀이터에 가지 못한다는 함축된 의미를 전달한다. 이처럼 관련성의 격률을 위반한 발화의 통번역에서 해당 발화나 함축된 의미를 정확히 이해하고 전달하는 것은 통번역사의 과제이다.

방법의 격률 위반과 통번역

방법의 격률은 대화를 명확하고 간결하게 하라는 원칙이다. 이를 위반하는 발화자는 의도적으로 모호하거나 복잡한 표현 혹은 태도를 사용하여 숨겨진 의미를 전달하고자 시도한다. 예를 들어 "이영희 참가자는 아리아의 악보에 거의 일치하는 일련의 소리를 냈습니다."라는 발화는 간결하지 않고 모호하지만, 그 표현의 모호성 자체가 참가자의 실력에 대한 비판적인 의미를 전달하고 있다.

통역사가 발화자의 함축된 의미를 자의대로 해석하는 것은 논란이 될 수 있는 민감한 사안이다. 통역사는 발화자의 의도를 전달할 때, 자신의 판단이나 해석이 지나치게 개입되어 원 발화의 의미가 ●왜곡되지 않도록 주의하여야 한다. 통역사의 주된 역할은 자신의

●왜곡
왜곡은 본래 의미가 의도적으로 또는 무의식적으로 변형되는 것이다. 이처럼 왜곡이 의도성을 갖는 데 비해, 지식이나 기술의 부족으로 발생하는 비의도적인 실수는 오류로 구분할 수 있다.

해석이나 생각이 아닌 발화자의 의도를 도착 언어로 충실하게 전달하는 것이기 때문이다. 발화자가 의도적으로 격률을 위반하여 함축된 의미를 사용하였을 때 발화자의 의도에 대한 해석은 언제나 조심스럽게 이루어져야 한다. 통역사는 발화의 본래 의미를 변경하거나 추가하지 않도록 유념하고, 발화자의 의도를 가능한 한 투명하게 전달하여 청자가 명확하게 추론할 수 있도록 도와야 한다.

대화 함축과 통번역

그라이스가 제시한 대화 함축 이론은 발화자가 표현한 정보 이외에 암묵적으로 전달하고자 하는 의미를 청자가 추론하여 찾아가는 과정을 포함하고 있다. 이는 언어 사용의 유연성과 대화 참여자 간의 협력을 통해 표면적으로는 드러나지 않는 의미도 효과적으로 전달할 수 있음을 설명한다. 그리하여 그라이스의 대화 함축 이론은 인간의 언어 사용 방식을 설명하는 중요한 기초가 되었다.

앞서 살핀 대로 대화 함축이 성공하기 위해서는 대화 참여자들이 네 가지 원칙, 즉 질·양·관련성·방법의 격률이 유지되고 있다는 가정하에 서로의 대화를 이해하고자 협조하여야 한다. 따라서 대화 함축을 위한 격률 위반은 겉으로는 대화의 규칙을 따르지 않는 것처럼 보이지만, 실제로는 더 깊은 의미를 전달하기 위한 전략이라고 설명할 수 있다. 이러한 대화 함축은 통번역사가 발화자의 의도와 문화적 배경을 고려하여 함축된 의미를 어떻게 전달할지 결정하는 데에 매우 중요한 개념으로 작용한다. 통번역사는 함축된 표현을 옮길 때 각 언어가 각기 다른 사회적·문화적 맥락을 가졌다는 점을 이해하고, 다음과 같이 적절히 조정하고 이끌어 갈 수 있어야 한다.

첫째, 발화자가 의도적으로 특정 정보를 생략하거나 간접적으로 전달할 때 통역사는 해당 발화의 함축된 의미를 즉시 파악할 수 있어야 한다. 이때 통역사는 ●문화적 맥락을 바탕으로 추론하여 발화에서 언급되지 않은 내용도 청자가 올바르게 이해할 수 있도록 배려하여야 한다. 이는 특히 외교, 비즈니스와 같은 민감한 대화 상황에서 매우 중요하다. 현장에서 통역사가 발화자의 의도를 잘못 해석하고 전달하면 의사소통에 오해가 발생할 수 있고, 이는 발화자와 청자의 소통에 문제를 일으켜 잘못된 결정을 내리게 할 수 있기 때문이다.

둘째, 번역 작업에서도 대화 함축은 중요한 요소로 작용한다. 번역사는 문학 작품이나 영화 대본 등에서 발화자의 의도가 명확하게 드러나지 않는 경우, 텍스트의 함축된 의미를 파악하고 이를 다른 언어로 재구성하여야 한다. 이때 발화자의 비유나 풍자적 표현을 그대로 직역하게 되면 도착 언어 사용자는 그 함의를 이해하지 못할 수 있다. 따라서 번역사는 출발 언어의 의미를 도착 언어의 문화적 맥락에 맞게 조정하여 전달하는 전략을 사용하거나 명시화 등 다른 창의적 번역 방식을 사용하여야 한다.

기존의 통번역 이론들은 주로 언어 구조와 문법적 요소에 초점을 두었다. 그에 비해 대화 함축 이론은 통번역의 의미 전환 과정에서 문화적·맥락적 요소를 어떻게 다뤄야 하는지에 대한 통찰을 제공하여, 언어적 맥락을 넘어선 의미 전달의 중요성을 강조하였다.

●문화적 맥락을 바탕한 추론
문화적 배경과 상황을 고려하여 발화자의 의도를 해석하는 과정이다. 이는 통역에서 숨겨진 의미를 정확히 전달하는 데 필수적이다.

02
하임즈의 의사소통과 통번역

통번역 분야에서 의사소통의 민족지학^{Ethnography of Communication}
은 언어적·비언어적·사회적 요소를 종합적으로 분석하여 의사소
통의 규범을 연구하는 학문이다. 관련 연구 중 하임즈의 의사소통
성분 분류는 통번역사에게 실질적인 가이드라인을 제공함으로써
통번역 과정에서 화제와 목적 파악의 중요성을 인식하도록 이끈다.

하임즈의 의사소통 성분 분류와 통번역 전략

통번역은 언어의 전환과 더불어 사회적·문화적 맥락을 고려하여
출발 언어와 도착 언어의 균형을 맞추는 작업이다. 통번역사는 다음
하임즈의 의사소통 성분 분류를 이해함으로써 통번역 과정의 여러
측면을 체계적으로 분석할 수 있는 방법을 획득하고, 출발 언어에
담긴 의도와 의미를 재구성할 수 있다.

① 환경과 장면 Setting and Scene

의사소통이 이루어지는 환경과 사회적 맥락을 의미한다. 환경은
장소와 시간이라는 물리적 요소를 포함하고, 장면은 그 대화가 이루
어지는 사회적·문화적 분위기를 나타낸다. 예를 들어 법정과 교실
이라는 다른 환경과 장면에서 행하여지는 대화는 서로 다른 규범과
구조를 가지게 된다. 통번역사는 출발 언어가 작성된 환경과 도착

언어 사용자가 놓인 상황을 모두 고려하여 통번역을 진행하여야 한다. 예를 들어 법률 문서를 번역할 때는 법률 용어와 해당 법적 시스템의 맥락을 이해하는 것이 중요하다.

② 참여자들 Participants

의사소통에 참여하는 발화자·청자·관찰자를 포함한다. 참여자의 관계·지위·역할은 의사소통의 형태와 내용을 크게 좌우한다. 예를 들어 상사와 부하 간 대화는 친구 간 대화와는 다른 어조와 내용을 가진다. 통번역사는 출발 언어 사용자의 의두와 도착 언어 사용자의 반응을 동시에 파악하여 의사소통이 원활히 이루어지도록 중재하여야 한다. 이를 위해 참여자의 관계와 지위를 염두에 두고 적절한 어조와 어휘를 선택할 수 있어야 한다.

③ 목적과 결과 Ends

대화를 통해 달성하려는 목적과 결과를 지칭한다. 목적은 발화의 의도를 말하며, 결과는 대화가 가져오는 실제적인 효과를 포함한다. 협상을 예로 들면, 발화의 목적은 계약 성립이고 결과는 계약 조건의 확정일 수 있다. 통번역사는 정보를 전달하면서 동시에 출발 언어가 의도한 목적을 도착 언어 사용자에게 정확히 전달하여야 한다. 예를 들어 광고를 번역할 때는 소비자의 행동 유도라는 목적을 우선시하여야 한다.

④ 행동 순서 Act Sequence

의사소통 과정에서 발화가 이루어지는 순서와 구조를 말한다. 이 요소에는 이야기·질문·응답 등 대화의 전개와 진행 방식 등의 규칙이 포함된다. 행동 순서가 잘 드러나는 예로 일정한 절차와 구조를 따르는 법정에서의 증언을 들 수 있다. 통번역사는 출발 언어의 구조를 유지하며 그 흐름을 조율할 수 있어야 한다. 예컨대 연설 통역에서는 연설문의 논리적 전개를 따라야 하며, 질의응답 통역에서는 질문과 답변의 연결성을 유지하여야 한다.

⑤ 분위기 Key

의사소통의 정서적 톤이나 태도를 나타낸다. 예를 들어 장례식에서의 대화는 진지하고 차분한 분위기를 가지는 반면, 생일 파티에서의 대화는 밝고 즐거운 분위기를 가진다. 통번역사는 출발 언어의 감정과 태도를 반영하여 도착 언어 사용자에게 적절하게 전달할 수 있어야 한다. 진지한 연설은 그 분위기에 맞게 통역되어야 하며, 유머나 농담은 적절한 문화적 맥락에서 재구성되어야 한다.

⑥ 의사소통 도구 Instrumentalities

의사소통에 사용되는 수단을 말하며, 여기에는 언어적·비언어적 수단이 모두 포함된다. 예를 들어 의사소통에는 구어적 수단으로 이루어지는 대화 외에도 문서나 문자 메시지 등 문어적 수단으로 이루어지는 대화도 있다. 통번역 과정에서는 구어적 표현을 문어적 방

〈표 3-1〉 하임즈의 의사소통 성분 분류(SPEAKING Model)와 통번역 전략

성분	성분의 의미	통번역 전략
환경과 장면 (S)	• 의사소통이 이루어지는 환경과 사회적 맥락	출발 언어가 작성된 환경과 도착 언어 사용자가 놓인 상황을 모두 고려하여야 한다.
참여자들 (P)	• 의사소통에 참여하는 발화자·청자·관찰자	출발 언어 사용자의 의도와 도착 언어 사용자의 반응을 동시에 파악하여 적절히 중재하여야 한다.
목적과 결과 (E)	• 대화를 통해 달성하려는 목적과 결과	출발 언어가 의도한 목적을 도착 언어 사용자에게 정확히 전달하여야 한다.
행동 순서 (A)	• 발화가 이루어지는 순서와 구조	출발 언어의 구조를 유지하며 그 흐름을 조절할 수 있어야 한다.
분위기 (K)	• 의사소통의 정서적 톤이나 태도	출발 언어의 감정과 태도를 반영하여 전달하여야 한다.
의사소통 도구 (I)	• 의사소통에 사용되는 언어적·비언어적 수단	특정 매체에 맞는 표현을 선택할 수 있어야 한다.
규범 (N)	• 의사소통 참여자들이 따르는 사회적 규범과 기대	문화적 차이를 이해하고 이를 조정할 수 있어야 한다.
장르 (G)	• 발화의 유형 또는 의사소통의 형식	출발 언어의 장르를 파악하고 장르에 맞는 표현을 선택할 수 있어야 한다.

식으로 변환하거나, 특정 매체에 맞는 표현을 선택하여야 할 경우도 있다. 예를 들어 구두 발표를 문서로 변환하는 번역은 구어적 특징을 문어적 구조로 재조정하여야 한다.

⑦ 규범 Norms

의사소통 참여자들이 따르는 사회적 규범과 기대를 말한다. 예를 들어 일본에서는 대화 중 침묵이 존중의 표시일 수 있지만, 서구권

에서는 대화 중 침묵이 불편함으로 여겨질 수 있다. 문화적 차이를 이해하고 이를 조정하는 것은 통번역 작업의 핵심이다.

⑧ 장르 Genre

발화의 유형 또는 의사소통의 형식을 의미한다. 예를 들어 설교·연설·대화·인터뷰 등은 각각 고유의 장르를 가진다. 장르는 의사소통의 구조와 언어적 특징을 결정짓는 중요한 요소이다. 출발 언어의 장르는 통번역 전략 수립에 중요한 영향을 미친다. 시의 번역은 문학적 아름다움과 정서를 유지하여야 하며, 기술 문서 번역은 명확성과 정확성이 우선시된다.

의사소통으로서 통번역 행위 분석

의사소통으로서 통번역 행위를 분석할 때 가장 중요한 요소는 발화의 기능이다. 같은 목적을 가진 발화라도 언어의 사용이라는 측면에서 그 형태는 다양하게 존재할 수 있으며, 반대로 하나의 언어 형태가 여러 의미로 해석될 수도 있다. 통번역사는 이러한 언어적 특성을 인식하고, 주어진 상황에서 가능한 발화 행위와 적절하거나 부적절한 발화 행위를 구분하는 상호 작용 규범에 대해서도 이해하여야 한다. 의사소통의 상호 작용 규범은 각 공동체가 공유하는 가치와 기대 및 협력의 과정에 따라 다르게 나타나기 때문이다.

통번역 과정에서의 의사소통을 성공적으로 이끌기 위해서는 의사소통 규칙의 문화적 특정성과 의사소통 요소들의 개별적 작용보다 전체적이고 복잡한 상호 작용 관계를 이해하려는 다면적 접근이 필요하다. 이를 위해 통번역사는 반드시 실제 상황을 중심으로 한 언어 사용의 의미를 살펴야 한다. 통번역사는 의사소통 연구 분야를 깊게 이해함으로써 다양한 문화적 맥락에서 좀 더 정확하고 효과적인 의사소통을 수행할 수 있다. 이러한 이해는 문화 간 의사소통의 복잡성을 이해하고 그에 맞는 적절한 통번역 전략을 개발하는 데 유효하다.

통번역사는 다양한 의사소통 상황에서 문화적 맥락을 중심으로 화제와 목적의 선택을 이해하는 데 민감하여야 한다. 통번역 상황에서 화제와 목적은 의사소통의 핵심 요소로, 상황 맥락에 따라 그 의미가 크게 달라질 수 있기 때문이다.

일반적으로 발화자는 개인적이거나 공동체적인 목적에 따라 화제를 선택하므로 의사소통 상황에서 화제는 상대방의 선호·사회적 규범·특정 상황에 적합한 상호 작용의 맥락 안에서 이루어진다. 발화의 언어 형태와 화제 선택은 상호 의존적이며, 이는 다양한 의사소통 목적에 따라 달라질 수 있다. 예를 들어 도덕적 비난에서 감정적 호소에 이르기까지, 다양한 목적과 의도가 언어 형태에 직접적으로 반영될 수 있다.

통번역사는 동일한 언어 구조와 형식이더라도 상황에 따라 다른 의미를 표현할 수 있음을 이해하여야 한다. 예를 들어 "나는 너를 사랑해."라는 말은 부모가 자식에게 말할 때는 연대감을 표현하는 상황 의미를 가지지만, 연애 감정을 느끼는 상대에게 말할 때는 둘의 관계를 표현하는 목적으로 사용된다.

　관습적 표현은 의사소통 상대에게 사회적 연대감을 표현하고 재확인하는 기능을 가지고 있어, 사회적 상호 작용을 시작하거나 상대방의 존재를 인정하는 상황에서 종종 사용된다. 예를 들어 인사는 의사소통의 시작을 알리고 상호 작용의 시간적·공간적 단위를 구성하는 역할을 한다. 사과는 관계를 유지하거나 재건하는 데 중요한 사회적 행위여서, 참여자 간의 관계와 문화적 모형에 따라 다양한 형식과 언어 형태로 나타난다.

　통번역사는 이와 같이 다양한 문화와 언어적 맥락에서 발화가 이루어질 때 화제와 목적의 선택을 이해하고 적절히 중재할 수 있는 능력을 개발하여야 한다. 또 통번역사는 대화의 배경·참여자·화제 등 맥락을 구성하는 여러 요소가 어떻게 상호 작용하는지를 파악하고, 이를 통번역 상황에 정확하게 반영하여야 한다. 이는 통번역 과정에서 소통의 정확성과 효율성을 보장하는 데 필수적이다.

주요 개념

그라이스의 협동 원리와 대화 함축

• 협동 원리　의사소통의 성공이 대화 참여자들 간의 상호 작용과 협력에 기반한다는 원리이다.

• 대화 함축　대화는 표면화된 언어적 정보만을 전달하는 것이 아니라 발화자가 암묵적으로 전달하고자 하는 의미를 청자가 추론하여 찾아가는 과정을 포함한다.

하임즈의 의사소통 성분 분류

　통번역사가 발화의 맥락을 정확하게 분석하고 전달하는 데 필수적으로 이해하여야 하는 요소이다. 환경(S)과 분위기(K)는 상황 이해를 돕고, 참여자(P)의 목적(D)은 발화 의도를 파악하는 기준이 된다. 행동 순서(A)의 장르(G)는 표현 방식에 영향을 주며 의사소통 도구(I)와 규범(N)은 문화적 차이를 고려한 통번역 전략 수립에 기여한다.

핵심 요약

1. 통번역사는 출발 언어의 함축적 의미를 도착 언어로 정확하게 전달하기 위해 발화의 맥락과 의도를 고려하여야 한다.

2. 통번역 상황에서 화제와 목적은 의사소통의 핵심 요소로, 통번역사는 다양한 문화와 언어적 맥락에서 화제와 목적의 선택을 이해하고 적절히 중재하기 위해 대화의 배경·참여자·화제 등 맥락을 구성하는 여러 요소의 상호 작용을 파악하여야 한다.

전략 구상

1. 상황 맥락에 맞는 화제와 목적의 파악을 위해 통번역사가 유의하여야 할 점에 대해 생각하여 보자.

2. 하임즈의 의사소통 성분이 통번역 전략 수립에 어떤 역할을 하는지 정리하여 보자.

4 언어와 의사소통 2

 POINT!

- 통번역 연구로서 기능주의와 의사소통 모델을 이해하고 차이를 구분할 수 있다.
- 화용론적 통번역 전략은 사회적 맥락을 반영한 통번역을 가능하게 함을 인지할 수 있다.

언어는 인간의 사고와 사회적 상호 작용을 가능하게 하는 본질적 수단이다. 인간은 언어로 의사소통하여 자신의 의도와 감정을 표현하고, 타인과의 관계를 형성하며 사회적 규범과 문화를 공유한다. 이때 의사소통 행위는 발화가 이루어지는 상황적 맥락과 밀접하게 관련되며, 발화자는 특정 목적을 이루기 위해 적절한 언어 표현을 선택한다. 언어와 의사소통이 가진 이러한 특징에 의해 통번역은 매우 다층적인 의미의 소통 행위로 작용한다. 통번역사는 그 과정을 성공적으로 이끌기 위해 발화자가 의도한 메시지를 바르게 이해하고 동일하거나 유사한 의미로 전달하기 위해 노력하며, 언어적 등가를 넘어 상황적 맥락과 문화적 요소를 충실히 반영하여 성공적 통번역을 지향한다.

01
통번역의 기능주의적 접근

언어와 의사소통의 상호 작용적 특징을 강조하는 연구 방식으로 기능주의적 접근이 있다. *영국의 언어학적 전통에서 비롯된 이 접근은 언어 사용의 맥락과 기능에 중점을 둔다. 1960~1970년대 J. R. 퍼스J. R. Firth, 존 캣퍼드John Catford, 마이클 그레고리Michael Gregory, 마이클 할리데이Michael Halliday 등 영국의 학자들은 언어가 사회적 상호 작용의 도구로서 어떻게 기능하는지 체계적으로 분석하고자 하였다. 이들의 연구는 언어의 구조보다 언어 사용의 실제 상황과 목적에 초점을 맞추고 있어, 출발 언어의 의미와 의도를 파악하고 이를 도착 언어에서 적절히 재현하는 통번역 과정에 중요한 이론적 기반을 제공한다.

뒤이어 1970년대 후반에 등장한 *스코포스 이론은 20세기를 대표하는 통번역에 대한 기능주의 중심의 연구 방법이다. 이 이론은 오스트리아의 언어학자이자 심리학자인 카를 뷜러Karl Bühler의 관점에 기반하여 독일의 번역학자 한스 J. 페어메어Hans J. Vermeer가 제안하였고(1978, 1984), 독일의 번역학자 크리스티아네 노드Christiane Nord에 의해 발전되었다(1997). 의사소통 이론 등 다양한 학문의 수용으로 발전된 이 이론은 통번역의 목적과 기능이 통번역사의 결정에 근거한다고 보고, 통번역 과정에서 도착 언어의 의도와 기능을 가장 중요하게 다룬다.

●영국의 언어학
언어의 구조를 넘어 기능과 사용에 초점을 두는 경향이 강하다. 특히 퍼스의 맥락 중심 언어학과 할리데이의 체계 기능 언어학이 대표적이다.

●스코포스 이론
통번역의 목적과 기능을 중시하는 스코포스 이론은 통번역이 단순한 언어 전환이 아니라 상황과 의도에 따라 달라져야 한다고 주장한다. 이때 '스코포스'는 '목적'·'목표'를 뜻하는 그리스어이다.

핵심	• 통번역에서 가장 중요한 요소는 그 목적
통번역의 목표	• 도착 언어 사용자가 출발 언어 사용자와 유사한 효과를 경험 • 출발 언어에 대한 충실성보다 메시지의 맥락과 목적 전달이 더 중요
통번역의 전략	• 통번역의 목적·도착 언어의 기능·도착 언어 사용자와 상황에 맞게 통번역사가 결정
통번역의 품질 평가 기준	• 출발 언어가 의도한 메시지 전달 • 의도된 기능적 맥락에서 도착 언어가 목적 달성 • 출발 언어의 맥락과 일관성 유지 • 도착 언어 사용자의 기대와 요구 충족

스코포스 이론은 통번역의 전략과 방법에 대한 중요한 이론적 기반을 제공하며, 특히 도착 언어의 품질 평가 기준을 제시하여 이것을 구체화하고 있다. 이 이론에 따르면 도착 언어의 품질은 출발 언어와의 문자적 일치 여부에 의존하는 것이 아니라, 도착 언어 사용자에게 출발 언어가 가진 함축적인 의미와 의도한 효과를 얼마나 성공적으로 전달하는가에 따라 평가된다. 스코포스 이론이 성공적인 통번역을 평가하기 위해 제시한 기준은 다음과 같다.

- **의사소통 효과** 도착 언어 사용자의 문화와 언어적 배경을 고려하였을 때 도착 언어가 출발 언어의 의도를 효과적으로 전달하였는가.
- **목적 적합성** 통번역이 특정 상황과 목적에 적합한 방식으로 이루어졌는가. 예를 들어 광고 텍스트 번역에서는 창의적이고 설득적인 표현이, 법률 문서 번역에서는 정확성과 명확성이 강

조되었는가.

- **맥락과 일관성** 출발 언어의 맥락과 일관성이 도착 언어에서 동일하게 유지되고 있는가. 이 기준은 문화적 요소와 언어적 뉘앙스를 조정하는 과정에서 중요하게 작용한다.
- **독자의 이해도** 도착 언어 사용자가 도착 언어를 이해하고 그 의도를 인식하는 데 불편함이 없는가. 이 기준은 통번역이 도착 언어 사용자의 기대를 충족시키는지를 평가한다.

이와 같은 품질 평가 기준은 통번역사가 텍스트와 발화의 목적 및 도착 언어 사용자의 요구를 고려하여 통번역 전략을 설계하고 실행하는 데 중요한 잣대로 작용한다.

스코포스 이론에 따르면 통번역은 언어의 구조적 전환 과정이 아닌 복잡한 의사소통 행위이며, 통번역사의 역할은 텍스트와 발화의 의미를 정확하게 전달하여 도착 언어 사용자의 이해를 돕는 것이다. 따라서 통번역사는 문화적·맥락적·기능적 요소를 종합적으로 고려하고 통번역 과정에 적용할 수 있도록 다양한 문화와 상황에서의 의사소통 역량을 개발하여야 한다.

02
통번역의 의사소통적 접근

• SMCRE 모델
라스웰은 SMCRE 모델
을 통해 송신자가 메시
지를 특정한 채널을 통
해 수신자에게 전달하
며, 효과는 수신자의 반
응으로 나타난다고 설
명한다. 이 모델은 일
방향적인 전달 구조를
강조하여 피드백 요소
가 부족하다는 한계도
있다.

　통번역의 의사소통적 접근은 통번역 과정에서의 언어 사용을 사회적 구조와 맥락 안에서 이해하고자 한다. 미국의 정치학자이자 커뮤니케이션 이론가 해럴드 드와이트 라스웰Harold Dwight Lasswell의 "누가(송신자, S), 무엇을(메시지, M), 어떤 경로를 통해(채널, C), 누구에게(수신자, R), 어떤 효과를(효과, E) 전달하는가?"라는 •SMCRE 모델은 의사소통적 접근에서 통번역 행위의 사회적 맥락을 설명하는 데 중요한 틀을 제공한다(1948). 이 접근법은 도착 언어를 단순히 독립된 메시지로 간주하던 전통적 관점에 반대하고, 생산과 수용의 관점에서 통합적으로 고려하여 분석할 것을 제안한다. 의사소통적 접근은 통번역이 이루어지는 사회적·문화적 배경과 이를 둘러싼 다양한 요소를 반영하는 데 초점을 두고, 언어의 실제 사용인 통번역을 메시지의 목적과 전달 방식을 고려한 의사소통 행위로 간주한다.

〈그림 4-1〉 라스웰의 SMCRE 모델

의사소통적 구조 내에서 통번역을 설명한 대표적 연구자로 독일의 번역학자 카타리나 라이스Katharina Reiss와 노드가 있다. 라이스는 출발 언어의 유형과 기능에 따른 접근법을 제시하여, 텍스트와 발화의 종류를 정보 전달(정보적), 감정·미학 표현(표현적), 행동 유도(명령적)로 구분하고, 통번역 전략이 각 기능에 맞게 달라져야 한다고 주장하였다(1984). 또 노드는 스코포스 이론을 바탕으로 통번역을 텍스트와 발화의 목적이 중심이 되는 의사소통 행위라고 설명하였다(1997). 그녀는 통번역사가 출발 언어와 도착 언어의 목적을 분석하여 출발 언어 사용자와 도착 언어 사용자의 요구를 충족시키는 통번역 전략을 설계하여야 한다고 주장하며, 특히 문화적 조정을 통해 도착 언어 사용자가 자연스럽게 이해할 수 있도록 통번역하여야 한다고 강조하였다. 이들은 통번역을 텍스트와 발화의 장르적 기능과 맥락을 고려한 의사소통 행위로 보고, 통번역사를 텍스트와 발화의 사회적·문화적 의미를 전달하는 의사소통 중재자로 정의한다.

통번역을 맥락과 목적이 포함된 언어의 상호 작용적 행위로 해석하는 관점은 20세기 중반 이후, 언어와 의사소통의 관계를 연구하던 유럽 학자들에 의해 발전되었다. 통번역의 의사소통적 접근은 특히 독일의 통번역 연구에서 심화되어 현대 통번역학의 이론적 토대를 형성하였다. 이러한 관점은 핀란드의 번역학자 유스타 홀츠맨태리Justa Holz-Mänttäri, 라이스와 페어메어, 그리고 노드 등에 의해 이어져 왔다. 이들은 통번역을 사회적 맥락 내에서 이루어지는 의사소통 행위로 간주하고, 통번역사를 텍스트와 발화의 전환자가 아니라 그 수용과 생산 과정에서 문화적 조정 및 의사소통을 담당하는 사회적 존재로 보았다. 이들의 연구는 통번역사가 통번역 수용자와의 소통을 고려하여 텍스트와 발화의 의미와 의도를 전달할 수 있도록 이론적 방향을 제시하였다.

하임즈는 촘스키가 제시한 ●인간의 언어 능력Innateness Hypothesis, ●언어 결정기 가설Critical Period Hypothesis에 대응하여 의사소통 능력Communicative Competence이라는 개념을 처음 도입하였다(1972). 그는 의사소통을 '주어진 상황 속에서 적절하게 이루어지는 언어 사용'이라고 설명하고, 언어의 실제적 사용을 강조하였다. 이 개념은 미국의 언어학자 마이클 카날레Michael Canale와 캐나다의 언어학자 메릴 스웨인Merrill Swain에 의해 더욱 심화되었다(1980). 그들이 제안한 의사소통 능력은 다음 네 가지로 분류된다.

- **문법적 언어 능력** 통번역사는 한 언어의 문법적 체계를 통제하고 다른 언어의 문법적 체계를 활발하게 사용하여 발화의 의미를 정확히 이해하고 표현한다.
- **사회 언어적 언어 능력** 통번역사는 대화의 맥락·참여자의 지위·대화의 목적 등을 고려하여 발화의 적절성을 판단한다.
- **담화적 언어 능력** 통번역사는 다양한 장르와 담화에서 일관성 있는 의미를 인식하고 생산한다.
- **전략적 언어 능력** 통번역사는 의사소통의 효율성을 높이고 문제를 해결하기 위해 적극적으로 노력한다.

●**인간의 언어 능력**
언어 능력에 대한 원리주의적 관점으로, 인간은 언어 능력을 생물학적으로 타고난다는 가설이다.

●**언어 결정기 가설**
언어의 습득은 두뇌가 발달하는 과정 중 일정 시기 내에 이루어진다는 가설이다. 촘스키는 이 시기에 해당 언어에 노출되어야만 그 언어의 모어 화자에 해당하는 언어 능력을 얻을 수 있다고 설명하였다.

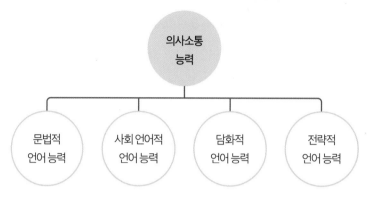

〈그림 4-2〉 카날레와 스웨인의 의사소통 능력

의사소통
능력

문법적
언어 능력

사회 언어적
언어 능력

담화적
언어 능력

전략적
언어 능력

이 개념은 통번역사가 중요한 의사소통의 매개자로서 의사소통에서 발생되는 요구와 문제를 어떻게 해결하는지를 설명한다. 의사소통적 접근법을 통해 통번역은 언어적 행위를 넘어서서, 복잡한 사회적 상호 작용의 일부로 정의된다.

의사소통에 관한 초기 이론은 메시지를 기호화하고 다시 기호를 메시지화하는 순환적인 행위 개념에 초점을 맞추었다. 이 관점에서 통번역사는 출발 언어에서 도착 언어로 정보를 재기호화하는 역할을 수행한다. 나이다는 번역에 처음으로 의사소통의 관점을 적용한 연구자로, 번역에서의 정보화가 예측 불가능성 정도와 일치한다고 보았다(1964). 그에 따르면 완전히 예상 가능한 개념은 오히려 많은 정보를 제공하지 않게 되며, 예측 불가능한 개념에서는 더 많은 정보를 필요로 할 수 있다. 따라서 번역사가 언어의 경계를 넘어 메시지를 전달할 때, 낮은 예측성은 정보를 통해 보상되어야 한다. 이때 저조한 예측성의 원인은 언어적 요소 또는 출발 언어 환경에 대한 생소함이 포함된 문화적 요소일 수 있다. 그래서 '보상'은 나이다가 '•과잉 번역'이라고 부른 현상을 피하되, 도착 언어에 필요한 내용을 추가함으로써 이루어진다.

의사소통에 관한 초기 이론은 사회적 상황을 간과하고 의미를 정보의 양적인 실체로 단순화하는 한계를 갖지만, 언어 사용을 사회적 행위로 간주하여 그 한계를 해결하고자 한다. 이러한 의사소통적 접근은 다양한 문화적 맥락과 사회적 상황을 고려하여 효과적으로 의미를 전달하는 것이 통번역사의 핵심 역량임을 말해 준다.

•과잉 번역
나이다는 번역사가 의미를 명확히 전달하려는 명시화를 통해 더 쉽고 자연스러운 도착 텍스트를 구성하는 과정에서, 출발 텍스트보다 과도한 정보를 담거나 출발 텍스트의 의미를 왜곡하는 등 과잉 번역이 발생할 수 있다고 지적하였다.

03
통번역의 화용론적 접근

1955년 하버드 대학교에서 촘스키와 영국의 언어 철학자 존 오스틴John Austin은 각각 변형 생성 문법Transformational Generative Grammar과 화용적 관점Pragmatic Perspective을 소개하며 언어 연구에 큰 변화를 이끌었다. 촘스키는 언어를 생성적이고 변형적인 시스템으로 간주하고, 인간이 언어를 사용하는 능력이 일정한 규칙에 기반하며 그 규칙은 기존의 문장을 변형하여 새로운 문장을 생성할 수 있도록 한다고 보았다. 촘스키는 언어의 창조적 본질을 설명하는 이 이론을 통해 언어가 단순한 의사소통의 도구를 넘어 심리적 실체로 작동한다고 주장하여 심리학계에 큰 반향을 불러일으켰다. 이러한 언어 규칙과 생성에 관한 이론은 언어의 보편성에 따른 통번역 가능성의 근거가 되어 통번역학에도 큰 영향을 미쳤다.

한편, 오스틴은 미국을 대표하는 철학자이자 심리학자인 윌리엄 제임스William James를 기념하는 강연 시리즈에서 화용적 관점이라는 새로운 접근법을 제시하여 언어의 사회적 역할을 강조하였다. 그는 발화가 사회적 맥락에서 수행하는 역할을 이해하는 데 초점을 맞추고, 문장이 사용되는 목적과 상황에 따라 발화의 적절성과 의도가 달라진다고 설명하였다. 촘스키의 생성 문법과 오스틴의 화용적 관점은 언어 연구에서 문장의 구조와 사용 목적이라는 두 가지 핵심 축을 정립하여 화용론 분야의 기초를 마련하였다. 이들의 이론은 문법적 정합성과 맥락적 적확성을 동시에 고려한 통번역의 중요성을 강조하였으며, 언어의 보편성에 따른 통번역 가능성의 근거가 되었다.

통번역 과정에 대한 화용론적 관점은 통번역 자체를 발화 행위의 성공적인 수행을 위한 시도로 간주한다. 그러므로 의미의 등가를 달성하기 위해, 통번역사는 도착 언어에서도 동일한 발화 효과를 기대하며 발화 행위와 발화 수반 행위를 재현한다. 통번역의 화용론적 관점의 실제는 이집트계 영국인 번역학자 모나 베이커Mona Baker의 연구에서 찾아볼 수 있다. 그녀는 출발 언어의 메시지를 효과적으로 전달하기 위해 텍스트와 발화의 맥락 및 의도를 고려하여야 한다고 강조하였다(1992). 그녀의 주장은 통번역사가 사회적 매개체로서 메시지의 의미를 효과적으로 중재하고 다양한 상황에서 의사소통의 교량적 역할을 하여야 함을 보여 준다.

화용론적 접근을 통해 통번역사는 출발 언어의 의도를 파악하고 이를 도착 언어 사용자에게 제대로 전달하는 역할을 수행함을 이해할 수 있다. 또 통번역사는 언어적·사회적·문화적 맥락을 고려하여 좀 더 정확하고 효과적인 통번역을 수행함으로써, 통번역은 단순히 언어를 옮기는 데 그치지 않고 출발 언어가 가진 의도와 목적을 도착 언어로 재현하는 화용적 행위라고 할 수 있다.

화용론적 접근은 문화적 차이를 고려한 통번역 행위가 과학적인 언어 행위이며 다양한 문화와 언어 배경을 가진 사람들 사이의 의사소통을 원활하게 하는 데 기여할 수 있음을 설명해 준다. 화용론적 언어 사용의 원리를 통해 통번역사는 언어 간 장벽을 넘고, 두 언어 간 의사소통에서 발생할 수 있는 오해와 오류를 최소화할 수 있다. 나아가 문화적 맥락에 따라 달라지는 예절과 체면 유지 방법을 이해하고, 언어 사용의 원리를 적절히 적용하여 통번역의 정확성을 보장할 수 있게 된다.

화행 이론에서 화용론으로의 발전

통번역 과정에서 발화자의 의도를 정확히 파악하고 이를 적절히 전달하는 데 중요한 도구로 사용될 수 있는 화행 이론Speech Act Theory은 오스틴의 강연을 통해 처음 주목받기 시작하여 그의 제자인 미국 철학자 존 설John Searle에 의해 더욱 발전되었다. 이 이론은 발화가 단순한 의미 전달을 넘어 특정한 행위를 수행하는 방식이라는 점을 강조하여, 말이 단순히 정보를 전달하는 도구가 아니라 의도를 포함한 행위라고 설명한다. 화행 이론은 언어 사용의 실제적인 면을 중시하며, 특히 통번역에서 발화가 수행하는 역할을 분석하는 데 매우 중요한 개념으로 자리 잡았다.

화행 이론은 오스틴이 제시한 발언 행위Speech Act의 세 가지 구성 요소로 살펴볼 수 있다. 첫째, 발화 행위Locutionary Act는 단순히 발화를 하는 행위이다. 둘째, 발화 수반 행위Illocutionary Act는 발화자가 그 발화를 통해 의도하는 행위를 의미한다. 셋째, 발화 효과 행위Perlocutionary Act는 발화가 청자에게 미치는 결과적인 효과를 가리킨다. 이러한 분류를 통해 화행은 단순한 문법적 구성을 넘어 사회적 맥락에서 발화가 어떤 역할을 수행하는지 이해하는 중요한 기초가 되었다. ●설의 화용 분류는 이를 더 구체화한 것으로, 그는 발화 수반 행위를 분석하는 것이 화행 이론의 핵심이라고 주장하였다(1976).

이후 화행 이론은 화용론으로 발전하게 되었다. 화용론은 화행 이론을 기반으로 하여 언어가 실제로 사용되는 상황과 맥락을 고려하여 발화의 의미와 의도를 분석한다. 즉, 언어적 발화가 단순히 문법적 정확성만으로 평가될 수 없고, 그 발화가 어떤 의도와 목적을 가지고 행하여졌는지를 고려하여야 한다는 것이다. 이 이론은 언어 사용의 현상을 다룬다는 점에서 통번역에서 매우 중요한 개념으로 작용한다.

통번역에서의 화행 분석 사례

통번역에서 ●화행 분석이 얼마나 중요한지를 설명해 주는 대표

●설의 화용 분류
설은 오스틴의 발언 행위를 더 구체화하여 진술·정표·명령·약속·선언의 다섯 가지로 분류하였다.

●화행 분석
발화를 특정 행위를 수행하는 것으로 보고, 의도·맥락·효과를 고려하여 그 의미를 해석하는 과정이다.

AI 시대 통번역의 포스트에디팅 전략

적인 사례로, 2016년 6월 13일 모스크바에서 열린 한-러 외무장관 회담을 들 수 있다. 이 회담에서 세르게이 라브로프Sergey Lavrov 러시아 외무장관은 "우리는 한반도 비핵화 과제에 대한 양국의 충실함을 확인하였으며, 러시아와 한국은 북한이 일방적으로 선언한 핵보유국 지위를 인정하지 않을 것임을 강조하였다."고 발언하였다. 그러나 러시아 측 통역사는 이를 "북한은 무조건 비핵화하여야 하고, 북한의 핵보유국 지위는 결코 인정할 수 없다."고 통역하였다. 이 통역은 발화자의 원래 의도와 미묘한 뉘앙스를 정확히 보전하지 못한 것으로 평가된다. 이와 같은 사례는 통역에서 발화의 내저 행위를 정확히 이해하는 것이 얼마나 중요한지를 잘 보여 준다.

번역 작업에서도 화행 분석은 매우 중요하게 역할한다. 번역사는 출발 언어에서 저자가 의도한 행위를 파악하고, 이를 도착 언어로 충실히 전달하여야 한다. 예를 들어 문학 작품에서 인물 간 대화가 특정한 의도를 담고 있거나 미묘한 감정적 함축을 포함하고 있는 경우, 번역사는 이를 정확히 이해하고 도착 언어로 재현하여야 한다. 단순한 직역은 저자의 의도를 왜곡할 수 있으며, 이는 번역의 질에 부정적인 영향을 미칠 수 있다.

살펴본 바와 같이 화행 이론과 화용론은 통번역 연구에서 매우 중요한 도구로 활용된다. 발화의 의도를 분석하는 데 중점을 두는 화행 이론과 발화가 실제로 사용되는 맥락을 분석하여 그 의도를 파악하는 화용론은 통번역에서 발화자의 의도를 더 깊이 이해하고, 의사소통의 정확성과 효과성을 높이는 데 중요한 역할을 한다.

주요 개념

언어 사용에 대한 통번역의 접근

• 기능주의적 접근　언어 사용의 맥락과 기능을 중시하며 언어가 사회적 상호 작용의 도구로서 어떻게 기능하는지 분석한다.

• 스코포스 이론　통번역에 대한 기능주의 중심의 연구 방법이다. 통번역의 목적이나 기능의 근거가 통번역사의 결정임을 강조하고, 도착 언어의 의도와 기능을 가장 중요시한다.

• 오스틴의 화행 이론　발화가 단순한 의미 전달을 넘어 특정한 행위를 수행한다는 점을 강조한다.

• 화용론　화행 이론을 기반으로 언어가 실제 사용되는 상황과 맥락을 고려하여 발화의 의미와 의도를 분석한다.

핵심 요약

1. 통번역에 대한 기능주의적 접근과 의사소통적 관점은 실제 언어 사용에서 상황 요소가 의미 결정과 해석에 중요함을 보여 준다. 기능주의는 언어의 구조보다는 언어 사용의 실제 상황과 사용 목적에 초점을 맞추어 연구를 진행하며, 의사소통 모델은 언어를 사회적 상호 작용의 일부로 설명한다.

2. 화행 이론은 발화의 의도를 분석하는 데 중점을 두는 반면, 화용론은 발화가 실제 사용되는 맥락과 상황을 분석하고자 한다. 화용론적 접근은 통번역에서 발화자의 의도를 더 깊이 이해할 수 있도록 하여 의사소통의 정확성과 효과성을 높이는 데 중요한 역할을 한다.

전략 구상

1. 기능주의적 접근과 화용론을 면밀히 이해하고 이를 실제 통번역의 현장에 적용할 수 있는 전략에 대해 생각하여 보자.

5

통번역과 사회학, 그리고 문화학

POINT !

- 통번역과 연계된 학문적 연구를 이해하고, 이를 포스트에디팅 전략에 효과적으로 적용할 수 있다.
- 통번역에서 사회적·문화적 상황 맥락 파악의 중요성을 인식할 수 있다.

사회학과 문화학은 통번역의 사회적·문화적 맥락 이해에 크게
일조하는 중요한 연계 학문이다. 통번역학의 언어학적 접근이 주로
텍스트와 기호의 해석에 초점을 맞추는 데 비해, 사회학·문화학적
접근은 통번역을 둘러싼 사회적·문화적 배경을 탐구하게 하여 좀
더 넓은 의미에서 통번역을 이해할 수 있도록 돕는다.

　사회학은 사회 구조와 사회 변화, 그리고 사회 안에서의 인간 행
동을 연구하는 학문이며, 그 연구 대상에는 사회적 상호 작용과 집단
내에서의 행동 양식이 포함되어 있다. 이는 통번역학에서 매우 주요
한 시사점을 제공한다. 사회적 계층·권력관계·이데올로기 등은 텍
스트와 발화의 의미를 결정하는 중요한 요소로, 이를 제대로 이해하
고 해석하지 못하면 통번역 과정에서 의미의 왜곡이 발생할 수 있
다. 그러므로 통번역사는 사회학적 접근을 통해 사회 현상을 분석하
고 특정 용어가 특정 사회에서 지닌 정치적·사회적 함의를 정확히
파악함으로써 효과적인 통번역 전략을 수립할 수 있어야 한다.

● **문화적 총체**
인간의 생활 방식·가치·
법·관습·예술·언어·종
교 등을 포괄하는 개념
으로 한 사회의 고유한
문화와 특성을 이해하
는 데 쓰인다.

문화학은 인간의 생활 방식, 사회 내에서 습득한 가치·법·관습
이 포함된 ●문화적 총체를 연구하며, 언어와 함께 문화적 맥락을 깊
이 탐구한다. 통번역사는 문화학을 통해 중요한 분석적 관점을 제공
받고, 통번역 시 고려하여야 할 문화적 요소들을 이해함으로써 통번
역 과정에서 발생할 수 있는 오해나 의사소통의 장애를 예방할 수
있다.

이와 같이 사회학과 문화학은 통번역에 대한 언어학적 접근의 한
계를 보완하고, 통번역이라는 인간의 행위를 좀 더 넓은 관점에서
이해하게 한다. 이러한 다학문적 접근은 통번역사가 사회적·문화
적 차이를 효과적으로 조정하여 의사소통의 목적을 달성하는 데 중
요한 이론적이고 실천적인 지침을 제공한다.

〈표 5-1〉 사회학과 문화학 비교

	사회학	문화학
정의	• 인간 사회 구조·관계·제도 및 상호 작용을 연구하는 학문	• 생활 방식과 사회 내에서 습득한 문화적 총체를 연구하는 학문
연구 대상	• 사회 집단·계층·제도·사회적 행동 등	• 예술·대중문화·미디어 등 총체적 문화

01
통번역학과 사회언어학

통번역학의 사회언어학적 접근은 언어가 사용되는 사회적 맥락과 그 맥락이 언어에 미치는 영향을 연구하는 것을 말한다. 사회언어학은 언어가 단순한 의사소통의 도구가 아닌, 사회적 상호 작용의 매개체로 기능한다는 인식에 기반하여 언어 사용이 이루어지는 사회적 상황에 주목한다. 그리하여 사회언어학에서 언어는 개인의 행동이나 사회적 구조와 분리될 수 없는, 인간 활동의 중요한 요소로 여겨진다.

사회언어학의 기반은 이탈리아의 철학자 잠바티스타 비코 Giambattista Vico 와 프랑스의 사회학자 에밀 뒤르켐 Emile Durkheim 과 같은 학자들의 연구에서 찾아볼 수 있다. 이들은 언어가 개인의 사고방식, 사회적 행동, 그리고 공동체 내에서의 역할에 미치는 영향을 중요하게 다루었다. 특히 뒤르켐은 언어가 사회적 규범을 반영하여 사회적 결속력을 강화하는 데 중요한 역할을 한다고 주장하였다 (1893). 이러한 관점에서 발전한 사회언어학은 언어가 개인적 차원에서뿐만 아니라 사회적 맥락에서 어떻게 의미를 형성하고 변화하는지를 분석한다.

미국의 언어학자 윌리엄 라보프 William Labov 는 사회언어학을 학문적으로 크게 발전시킨 선구자이다. 라보프는 •언어 변이와 변화에 대한 연구를 통해 사회적 계층·연령·성별·인종 등의 요소가 언어

●언어 변이
상류층이 애용하는 뉴욕의 백화점을 대상으로 라보프가 관찰한 언어의 변이를 말한다. 이로써 라보프는 사회적 변수와 언어의 관련성을 밝혀냈다고 평가받는다(1966).

● 구조주의 언어학
언어를 언어학적 기호
(sign)로 구성된 하나의
체계로 보고, 기호를 의
미(기호의 내용)와 형식
(기호의 표현)으로 나누
어 분석한다. 이 관점에
서 언어 기호는 다른 기
호들과의 관계를 통해
의미를 가진다.

사용에 중요한 영향을 미친다는 사실을 입증하였다. 그의 연구는 언어가 사회적 정체성과 권력 및 집단 내 상호 작용을 반영하고 있음을 강조하였다.

20세기 중반 이후 사회언어학은 방언 연구와 같은 구체적인 분야에서 더욱 활성화되었다. 이후 ●구조주의 언어학이 갖는 형태 구조 중심의 한계를 넘어 언어 사용의 사회적 맥락을 중요시하는 다양한 연구로 확장되었다.

통번역학과 사회언어학의 관계

통번역학의 사회언어학적 접근은 통번역이 사회적·문화적 맥락 속에서 이루어지는 복잡한 의사소통 행위라는 점을 강조한다. 이러한 관점에서 통번역사는 텍스트와 발화에 담긴 사회적 의미를 이해하고, 이를 도착 언어로 적절히 전달하여야 하는 책임을 가진다.

사회언어학은 통번역 시 중요한 사회적 변수로 성별·연령·사회적 지위·교육 수준 등을 제시하고, 이들이 의사소통의 방식과 내용을 결정짓는다고 설명한다. 예를 들어 통역사가 회의에서 발화자와 청자의 사회적 지위를 고려하지 않는다면, 그 통역은 사회적 의사소통의 오류를 불러올 수 있다. 통역사는 발화자와 청자의 사회적 배경과 기대를 명확하게 인식하고 이를 통역 과정에 반영하여, 출발 언어가 담고 있는 사회적 의미를 왜곡 없이 전달할 수 있어야 한다. 사회언어학적 관점에서 통번역은 언어적 의미를 기반으로 사회적 의미와 함축된 문화적 요소 또한 반영하는 의사소통 행위이다.

예를 들어 두 나라 간 외교 회담에서 통역사는 발화자의 언어적 표현뿐만 아니라 그 발화가 담고 있는 정치적·문화적 의미를 적절히 이해하고 전달하여야 한다. 또 번역사는 단순한 언어적 정확성을 넘어 사회적 맥락에 맞는 번역을 수행할 수 있어야 한다. 특히 21세기 AI 번역과의 협업에서 사회적·문화적 요소를 반영한 통번역사의 창의적인 통번역 행위는 더욱 중요해지고 있다.

통번역학에서의 언어 구조와 문맥의 중요성

통번역 과정에서 언어 사용 행위는 단순한 문법적 구조의 분석을 넘어 사회적·문화적 맥락을 반영하는 복합적인 의사소통의 과정으로 설명할 수 있다. 아랍의 번역학자 배질 하팀Basil Hatim과 영국의 번역학자 이언 메이슨Ian Mason은 통번역에서 언어 종류Language Types와 문맥Context의 중요성을 강조하여 적절한 언어 사용에 대한 중요한 이론적 기반을 제공한다(1990).

하팀과 메이슨은 언어 종류를 언어 사용자User와 언어 사용Use 이라는 기준에 따라 크게 두 가지로 구분하였다. 언어 사용자와 관련된 언어 종류는 표준어와 비표준어Standard/Non-standard, 개인의 언어적 특성Idiolect 등으로 나뉘며, 이러한 언어 종류Dialect는 언어 사용자의 사회적·문화적 배경에 따라 달라진다. 이에 따르면 아랍어를 사용하는 사람과 영어를 사용하는 사람은 각기 다른 사회적 규범과 문화적 기대에 맞춰 해당 언어를 사용하므로, 두 언어 간 통번역에서 사회적·문화적 맥락 이해는 필수적이다. 하팀과 메이슨은 통번역사가 텍스트와 발화의 의도 및 도착 언어 사용자의 배경을 고려하고 분석하여 정보 전달·설득·감정 표현 등 출발 언어의 의도를 정확히 전달할 수 있어야 한다고 강조하였다.

언어 사용과 관련된 언어 종류Registers는 텍스트와 발화의 주제Field, 언어의 구어성 혹은 문어성Mode, 그리고 출발 언어 사용자와 도착 언어 사용자 사이의 관계Tenor로 구분된다. 하팀과 메이슨은 언어 사용 방식에 영향을 미치는 요소에는 특정 상황에서 언어가 수행하는 기능도 포함된다고 주장하였다. 이러한 관점에서 통번역사가 효과적인 의사소통을 이끌어 내기 위해서는 언어의 기능적 특성을 이해하고 출발 언어가 가진 기능적 목적을 도착 언어에서도 적절히 재현하여야 한다.

<그림 5-1> 하팀과 메이슨이 구분한 언어 종류

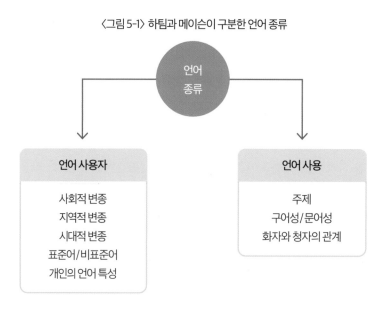

AI 시대 통번역의 포스트에디팅 전략

통번역사는 출발 언어 사용자와 도착 언어 사용자의 사회적 지위나 문화적 배경을 고려하여 경어법의 사용 여부를 결정하여야 하는 경우처럼, 특정 상황에 적합한 언어를 사용하기 위해 다양한 ●언어 종류의 파악과 선택이 가능하여야 한다. 그렇다고 이것이 출발 언어의 방언이 도착 언어에서 동일한 방식으로 통번역되어야 함을 의미하지는 않는다. 오히려 통번역사는 도착 언어 사용자의 이해를 돕기 위해 문화적·사회적으로 다양한 효과를 고려하여 언어 종류를 선택하여야 한다.

하팀과 메이슨은 문맥이라는 개념을 '텍스트와 발화를 둘러싼 출발 언어 사용자와 도착 언어 사용자 간의 사회적·문화적 변수'로 정의하며, 문맥의 이해가 통번역의 정확성과 효과를 결정짓는 핵심 요소임을 강조하였다. 그러므로 의사소통에서 어떠한 방언이 사용되었는지, 구어적 표현인지 문어적 표현인지, 출발 언어 사용자와 도착 언어 사용자의 관계는 어떠한지를 파악하는 것은 출발 언어 사용자의 의도와 그 효과를 올바르게 전달하는 데 필수적이다.

통번역학의 사회언어학적 접근은 통번역사에게 언어 사용의 다양한 맥락을 이해하고, 이를 통번역 과정에 적용할 수 있도록 돕는다. 하팀과 메이슨의 연구는 통번역 과정을 체계적으로 분석하고 이해하는 데 중요하게 기여한다. 통번역사는 이러한 연구를 바탕으로 사회적·문화적 맥락에 맞는 언어 선택을 통해 효과적인 통번역을 수행하도록 애써야 한다.

●언어 종류의 파악과 선택
통번역사는 출발 언어 사용자와 도착 언어 사용자의 사회적·문화적 배경을 고려하여 적절한 언어를 선택하여야 한다. 문맥에 맞는 경어법·방언·어휘 등을 조정하여 출발 언어의 의도를 효과적으로 전달하는 것은 통번역사의 주요한 역량이다.

통번역학에서의 공손 어법과 사회언어학적 접근

통번역학에서 공손 어법은 언어의 사회적·문화적 맥락을 반영하는 중요한 연구 주제로, 통번역사는 특히 사법 통역에 있어 공손 어법이 의사소통과 권력관계에 어떠한 영향을 미치는지 반드시 이해하고 있어야 한다.

미국의 문화 인류학자 윌리엄 오바William O'Barr는 《Linguistic Evidence: Language, Power, and Strategy in the Courtroom》에서 법정에서 사용되는 언어를 강력 어법Powerful Language과 무력 어법Powerless Language으로 구분하고, 언어가 사회적 맥락과 권력 구조에 따라 달라지는 방식을 분석하였다(1982). 그에 따르면 강력 어법은 주저 없이 직접적이고 자신감 있는 언어를 사용하는 것으로, 설득력과 신뢰감을 제공하여 화자가 상황을 통제하고 있다는 인상을 준다. 반대로 무력 어법은 주저·불확실한 표현·완화 표현을 사용하는 것으로, 화자에게 낮은 권위와 불확실성을 부여하여 설득력을 약화시킬 수 있다. 그러므로 강력 어법은 보통 변호사나 판사와 같은 권위 있는 역할과 연관되며, 무력 어법은 주로 증인이나 피해자와 같은 사회적 약자 또는 자신감이 결여된 화자와 관련된다. 오바의 연구는 미국의 언어학자 •로빈 레이코프Robin Lakoff의 초기 연구를 확장한 것이다. 레이코프는 완화 표현이나 주저 등 특정 언어 패턴이 주로 여성에게서 나타난다고 보았으나, 오바는 이러한 패턴이 사회적 맥락과 권력 관계에 의해 달라질 수 있다고 주장하였다. 법정에서 주로 사용되는 영어의 공손 어법은 'please', 'sir', 'ma'am',

AI 시대 통번역의 포스트에디팅 전략

'thank you' 등과 같은 표현으로, 영미권에서 이러한 표현은 상대방의 우위를 인정하고 자신을 낮추는 무력 어법에 해당한다. 오바는 이러한 공손 어법 사용이 화자의 신뢰성과 권위를 약화시켜 그 입지를 악화시킬 수 있음을 지적하였다.

미국의 언어학자 수잔 버크셀리그슨Susan Berk-Seligson은 공손 어법의 사용이 법정 결과에 실제 어떤 영향을 미치는지 실험 조사하였다(1988). 이 실험에서 그녀는 법정에서 증인의 어법으로서 공손 어법이 배심원의 판단에 미치는 영향을 연구하여 공손 어법의 사용 여부가 사법 통역에서 중요한 변수가 됨을 밝혀냈다.

버크셀리그슨은 551명의 모의 배심원을 대상으로 실험을 진행하였다. 배심원들은 스페인어를 사용하는 증인의 발언을 통역사를 통해 영어로 듣고, 증인의 태도·능력·지성·믿음을 평가하였다. 버크

셀리그슨은 이 실험에서 특히 공손 어법이 포함된 통역과 그렇지 않은 통역을 비교하여 배심원들의 평가가 어떻게 달라지는지를 살펴보았다. 실험 결과, 스페인어를 알고 있는 배심원들에게는 영어 통역상 공손 어법의 사용 여부가 큰 영향을 미치지 않았지만, 스페인어를 모르고 영어 통역에 의지하는 배심원들은 공손 어법을 사용한 통역에게 더 높은 점수를 부여하였다. 이는 공손 어법이 영미권에서 능력과 지성을 판단하는 데 중요하게 역할함을 보여 준다.

버크셀리그슨의 연구는 통번역 현장에서 공손 어법의 중요성을 강조할 뿐만 아니라, 통번역사가 문화적 맥락을 고려하여 언어 형식과 구조를 선택하여야 함을 보여 준다. 연구는 통번역 과정에서 공손 어법의 사용이 도착 언어 사용자의 문화적 기대와 직결되며, 이는 통번역의 질을 결정하는 중요한 요소임도 설명해 준다. 나아가 이 연구를 통해 통번역사의 언어 사용에서 섬세함이 얼마나 중요한지 잘 알 수 있다.

공손 어법은 통번역학에서 언어의 문법적 요소를 넘어 사회적·문화적 맥락을 반영하는 중요한 도구이다. 통번역사는 통번역 과정에서의 언어 선택이 전략적이고 신중하여야 하며, 이것이 통번역의 결과에 직접적으로 영향을 미친다는 것을 명심하여야 한다.

02
통번역학과 문화학

통번역학의 문화학적 접근은 텍스트와 발화가 생성되고 해석되는 문화적 맥락을 이해하는 데 중요한 역할을 한다. 문화학은 발전 과정에 따라 독일 중심의 문화학과 영미 중심의 문화학으로 나뉜다.

1910년 신칸트학파에 의해 시작된 독일 문화학은 정신 활동과 문화의 관계를 연구하는 학문으로, 독일의 철학자 이마누엘 칸트Immanuel Kant 이 *인식론*저 토대를 확장하여 문화를 인간이 창조하고 해석할 수 있는 세계의 중심적 요소로 간주하였다. 빌헬름 딜타이Wilhelm Dilthey, 하인리히 리케르트Heinrich Rickert, 막스 베버Max Weber 등 대표적인 학자들은 문화를 단순한 표현물이 아니라, 특정 시대와 맥락에서 인간의 가치와 관습·제도를 반영하는 것으로 설명하였다. 독일 문화학의 주요 특징은 역사적 맥락에서 문화적 산물을 분석하고, 자연 과학과는 다른 해석학적 접근을 통해 인간의 삶과 세계관을 이해하려는 데 있다. 이러한 연구는 1930~1940년대 나치 정권의 영향으로 주요 연구 기관이 런던으로 이전하면서 이후 영미 문화학의 발전에 큰 영향을 미쳤다.

영미 문화학은 1964년 영국 버밍엄 대학교에 설립된 현대 문화 연구소Centre for Contemporary Cultural Studies 의 출범과 함께 실천적 학문으로 발전하였다. *프랑크푸르트학파와 *후기 구조주의의 영향을 받은 영미 문화학은 대중문화와 소수자의 정체성 문제에 초점

*칸트의 인식론
칸트는 인간이 선험적으로 가지고 있는 시간·공간·인과 관계 등의 직관을 통해 세상을 받아들이므로, '물자체'를 인식할 수 없고 오직 '현상'만을 인식할 수 있다고 주장하였다.

*프랑크푸르트학파
독일 프랑크푸르트 대학교의 사회연구소를 중심으로 형성된 철학 및 사회 비판 학파이다. 마르크스주의를 기반으로 현대 자본주의를 비판·분석하여, 사회 변혁과 인간 해방을 추구하였다.

*후기 구조주의
문화와 사회를 보편적이고 고정된 구조로 보는 구조주의를 비판하며 등장한 사조로, 구조의 상대성과 역사성을 강조하였다.

을 맞추며 전개되었다. 레이먼드 윌리엄스Raymond Williams, 스튜어트 홀Stuart Hall, 리처드 호가트Richard Hoggart 등 영미 문화학의 대표적 학자들은 문화를 단순한 의미 체계가 아니라 사회적 권력과 저항의 장치로 이해하고, 문화가 계급·성별·인종과 같은 차별 구조를 분석하는 데 중요한 도구가 될 수 있다고 보았다.

독일 문화학은 학문적·이론적 접근을 통해 주로 고급문화(예술, 법 등)에 초점을 두고 발전하였으나, 시대가 변화함에 따라 대중문화와 일상 문화 연구로 그 영역이 확장되었다. 반면, 영미 문화학은 초기부터 대중문화의 의미를 강조하고 이를 학문적 차원으로 끌어올려 다양한 대중의 목소리를 학계에 반영하였다는 평가를 받고 있다. 두 학파는 각기 다른 배경과 철학적 전통을 가지고 있으나 문화와 사회의 관계를 탐구한다는 공통된 목표를 가지고 있으며, 현대 문화 연구에 다양한 방향성을 제시하고 있다.

〈표 5-2〉 독일 문화학과 영미 문화학 비교

	독일 문화학	영미 문화학
기원	• 1910년 신칸트학파에 의해 시작	• 1964년 영국 현대 문화 연구소의 출범과 함께 시작
대표 학자	• 빌헬름 딜타이, 하인리히 리케르트, 막스 베버 등	• 레이먼드 윌리엄스, 스튜어트 홀, 리처드 호가트 등
문화의 정의	• 특정 시대와 맥락에서 인간의 가치와 관습, 제도를 반영하는 것	• 사회적 권력과 저항의 장치
특징	• 역사적 맥락에서 문화적 산물을 분석, 철학적이고 역사적인 접근 강조	• 문화를 통해 계급·성별·인종과 같은 차별 구조를 분석, 권력·이데올로기 등에 초점

AI 시대 통번역의 포스트에디팅 전략

사회학적·문화학적 접근의 중요성

통번역학의 사회학적·문화학적 접근은 텍스트와 발화의 사회적·문화적 맥락을 이해하고 분석하는 데 중요한 이론적 근거를 제공한다. 또 사회학과 문화학은 통번역 과정에서 발생할 수 있는 의사소통의 어려움을 극복하고, 텍스트와 발화가 갖는 원래의 의미와 적절한 문화적 맥락을 유지하는 전략 결정에 중요한 역할을 한다. 예를 들어 특정 사회적 상황이나 문화적 배경에 대한 이해가 부족한 경우 통번역 과정에서 출발 언어의 의미가 왜곡될 수 있다. 사회학적·문화학적 접근은 이러한 문제를 해결할 수 있도록 분석적 관점을 제공한다.

사회학적 접근은 사회적 관계와 구조, 인간 행동의 규범과 패턴을 이해하는 데 초점을 맞추어, 통번역사가 사회적 맥락 속에서 출발 언어의 의도와 효과를 도착 언어로 적절히 재구성하여 전달할 수 있게 한다. 인간의 생활 방식·가치·관습 등 문화적 총체를 연구하는 문화학은 언어가 특정 문화적 맥락에서 어떻게 사용되고 이해되는지를 분석하여, 대중문화나 관용구·상징적 표현 등 문화적 차이의 고려를 강조한다.

사회학적·문화학적 접근은 텍스트와 발화의 분석에만 그치지 않고, 통번역 작업에서 발생할 수 있는 윤리적 문제까지 인식할 수 있게 한다. 예를 들어 특정 사회적·문화적 편견이 반영된 출발 언어를 통번역할 때, 통번역사는 이를 어떻게 처리할지에 대한 윤리적 고민에 직면한다. 이는 통번역 작업에서 중요한 고려 사항이며, 통번역사의 직무적 책임과도 관련된다.

이와 같이 통번역학의 사회학적·문화학적 접근은 통번역 행위를 심층적으로 이해할 수 있게 한다. 이를 통해 통번역사는 다양한 사회적·문화적 맥락에서 발생하는 복잡한 의사소통 상황을 좀 더 효과적으로 처리할 수 있으며, 이는 통번역의 질적 향상을 꾀하는 중요한 요소가 된다.

사회적·문화적 상황 맥락 파악과 통번역 전략

살펴본 바와 같이 사회적·문화적 상황 맥락의 정확한 이해는 성공적인 통번역 행위를 수행하기 위한 필수 요소이다. 텍스트와 발화는 언어적 표현을 넘어 특정 사회적·문화적 맥락에서 생성되고 이해되므로, 통번역사는 이 맥락을 파악하고 이를 도착 언어에서 적절히 재구성하여 그 의미를 재현하여야 한다. 이는 특히 법정·의료·외교와 같은 전문 통번역 분야에서 더 중요한 의미를 갖는다.

발화자의 의도와 청중의 기대는 사회적·문화적 맥락에 의해 형성된다. 예를 들어 법정에서 이루어지는 증인의 발언은 단순한 사실 전달을 넘어, 판사나 배심원 등 청중의 신뢰를 얻기 위한 언어적 전략을 담게 된다. 이 경우 통역사는 출발 언어에서 담고 있는 의도를 도착 언어에서도 그대로 재현하기 위해 강력 어법과 무력 어법의 차이를 이해하고 적절히 적용할 수 있어야 한다. 마찬가지로 의료 통역에서는 환자의 문화적 배경을 이해하고, 의료적 맥락에서 사용되는 용어와 표현을 도착 언어로 효과적으로 통역하여 성공적인 의사소통으로 이끌어야 한다.

텍스트와 발화의 문화적 맥락을 이해하지 못한 통번역에서는 오류가 발생하기 쉽다. 통번역사는 특정 관용구나 상징적 표현, 사회적 규범과 기대가 반영된 출발 언어를 제대로 전달하기 위해 도착 언어의 사회적·문화적 맥락에 맞게 조정하고 재구성하여야 한다.

사회적·문화적 맥락 이해에 기반한 통번역 전략은 통번역의 윤리적 문제를 해결하는 데에도 일정 부분 기여한다. 특정 사회적 편견이나 이데올로기가 반영된 출발 언어를 통번역할 때, 통번역사는 출발 언어의 의도를 왜곡하지 않으면서도 도착 언어 사용자의 문화적 기대를 충족시킬 수 있는 균형점을 찾아야 한다. 이를 통해 통번역 작업에서 발생할 수 있는 의사소통의 장벽과 장애를 최소화하고, 출발 언어와 도착 언어 간 조화를 이루어 낼 수 있다.

주요 개념

통번역의 중요한 연계 학문

• 사회학　사회의 구조·변화 및 사회 안에서의 인간 행동을 연구하여, 사회 구성원 간 관계와 사회 현상을 이해하는 데 중점을 둔다. 이를 통해 사회 제도·계층·규범 등의 형성과 변화 과정을 설명하며, 통번역에서 사회적 맥락을 파악하는 데 중요한 역할을 한다.

• 문화학　인간의 생활 방식, 사회 내에서 습득한 가치·법·관습 등 문화적 총체를 연구하는 학문이다. 발전 과정에 따라 크게 독일 중심의 문화학과 영미 중심의 문화학으로 나뉘며, 통번역 과정에서 문화 간 차이를 이해하고 조정하는 데 필수적인 학문이다.

하팀과 메이슨의 언어 종류

　언어 종류를 언어 사용자와 언어 사용이라는 기준으로 구분하고, 언어의 기능적 특성 이해를 강조하였다.

핵심 요약

1. 통번역학의 사회언어학적 접근은 언어가 사회적 상호 작용의 매개체로 기능한다고 보고, 언어가 사용되는 사회적 맥락과 그 맥락이 언어에 미치는 영향, 언어 사용이 이루어지는 사회적 상황에 주목한다.

2. 통번역학의 문화학적 접근은 출발 언어의 문화적 맥락과 의도를 유지하는 데 도움을 주며, 이를 통해 통번역사가 출발 언어의 문화적 의미를 정확히 파악하고 도착 언어로 효과적으로 재현할 수 있게 한다.

전략 구상

1. 사회학과 문화학과의 연계를 통한 통번역의 효과적인 전략을 생각하여 보자.

　　　　　　　　　　　　　　　　　AI 시대 통번역의 포스트에디팅 전략

6

문화의
다층적
이해

POINT!

- 문화의 다양한 개념을 탐구하여 통번역에 적용할 방안을 발견할 수 있다.
- 문화 연구를 통해 통번역사가 문화 소통의 중개자로서 활용 가능한 전략을 구상할 수 있다.

앞서 살펴본 바와 같이 통번역에서 문화 Culture 라는 개념은 매우 중요한 요소로 작용한다. 스페인의 번역학자 도러시 켈리 Dorothy Kelly 와 유럽 번역사 연맹 EMT 은 통번역사의 주요 자질로 문화에 대한 이해를 꼽았으며(2005, 2009), 미국의 번역학자 데이비드 카탄 David Katan 과 독일의 언어학자 쥴리안 하우스 Julian House 는 통번역 과정에는 통번역사에 의한 •문화적 필터 Culture Filter 가 작용한다고 설명하였다(2009, 2016).

그런데 문화라는 개념은 연구자의 관점과 연구 목적에 따라 달라지기 때문에 명확하게 정의 내리기 어렵다. 미국의 인류학자 앨프리드 크로버 Alfred Kroeber 와 클라이드 클러크혼 Clyde Kluckhohn 은 《Culture: A Critical Review of Concepts and Definitions》에서 175가지의 다양한 문화 정의를 검토하여 종합적인 정의를 내리고자 시도하였지만, 결국 또 다른 정의를 추가하고 말았다(1952). 이후 윌리엄스는 문화를 인간 활동·생활 방식·과정·발전으로 분류

• 문화적 필터
개인이 주변 세계를 인식하고 해석하는 과정에 영향을 주는 문화적 배경·경험·신념 등을 의미하며, 통번역 과정에서 의미 전달 방식에 작용한다.

하여 연구하였고(1983), 미국의 커뮤니케이션 이론가 존 볼드윈^{John} ^{Baldwin}은 《Redefining Culture》에서 300개가 넘는 문화의 정의를 제시하며 문화 개념의 복잡성을 다시 한번 강조하였다(2005). 문화의 다양성·변화성·적응성을 보여 주는 이들의 연구는 모두 문화가 유형적·무형적·공시적·통시적 차원에서 변화 가능하다는 점을 시사한다.

문화에 대한 정의는 학자·시대·연구의 목적과 방향성에 따라 천차만별이다. 즉, 문화의 정의와 분류는 고정된 것이 아니라 다양한 요인에 따라 변화하는 개념으로 이해되어야 한다.

01
문화에 대한 다양한 관점

인류학적·사회학적 관점

인류학적 관점은 문화를 특정 사회의 생활 방식 전체로 이해하며, 이를 통해 인간 활동의 다면성과 복잡성을 설명하고 강조한다. 한편 사회학적 관점은 문화를 인간이 공동체 안에서 창조하고 공유하는 사회적 산물로 보고, 물질적이고 구체적인 요소뿐만 아니라 비물질적인 가치와 규범까지 포함한다고 설명한다. 이렇게 다른 두 가지 관점은 문화 연구에 있어 상호 보완적으로 작동하여, 인간의 삶과 사회적 맥락을 탐구하는 중요한 기반을 제시해 준다.

일찍이 영국의 인류학자 에드워드 버넷 타일러 Edward Burnett Tylor
는 《Primitive Culture》에서 문화를 '인간이 사회 구성원으로서 획
득한 신념·지식·예술·법률·도덕 등 모든 능력과 습관을 포함하는
•복합적 총체'로 정의하였다(1871). 이러한 인류학적 관점은 문화를
물질적 산물로만 보지 않고, 특정 사회의 관습과 가치 체계를 포함
하는 추상적인 구조로 설명한다. 그리하여 인류학자들은 문화를 이
해하기 위해 특정 사회의 전통·종교적 신념·의례 등을 연구하고,
각 요소가 사회적 맥락 속에서 어떻게 상호 작용하는지를 탐구한다.
이들은 문화가 다양한 요소가 결합된 복합적 체계로서 사회의 정체
성을 형성한다고 여긴다. 인류학적 연구에서는 문화의 개념을 다층
적이고 변화 가능한 추상적 실체로 설명하며, 단일한 정의로 고정할
수 없음을 강조한다.

영국의 사회학자 롤런드 로버트슨 Roland Robertson 은 《Globaliza-
tion: Social Theory and Global Culture》에서 문화를 '인류가 공동
으로 향유하는 사회적 산물'이라고 설명하고, 이를 물질문화와 비물
질문화로 구분하였다(1990). 그는 물질문화를 인류가 창조한 유의
미하고 형상화된 물체로, 비물질문화를 추상적 창조물로 정의하며,
인간과 환경·사회와 문화의 상호 관계를 강조하였다. 이 관점은 특
정 사회나 집단의 규범과 행동 양식에 중점을 두고, 문화를 인간 행
동의 구체적 틀로 이해한다.

초기 사회학에서는 인류학의 포괄적인 문화 개념을 수용하였
으나, 시간이 지나면서 문화를 더 제한적이고 구체적인 범주 안에

• 복합적 총체
문화가 지식·신념·예술·
법률·도덕 등 다양한 요
소의 결합 체계로서 사
회의 정체성을 형성하
며, 단일한 정의로 고정
될 수 없음을 의미한다.

● 마빈 엘리엇 올슨
미국의 사회학자로 사
회 구조·집단 행동·조
직 내 상호 작용을 연구
하여 사회 체계에서 개
인과 집단의 역할을 분
석하였다.

서 정의하려는 경향이 나타났다. 특히 미국의 사회학자 ●마빈 엘리엇 올슨Marvin Elliot Olsen은 문화를 특정 사회 구성원이 공유하는 행위 규범·가치관·의사소통 방식 등으로 좁혀서 정의하고, 사회적 맥락에서 문화를 더 구체적이고 세분화된 요소로 분석하고자 하였다 (1968). 이러한 접근은 특정 집단 내에서의 문화적 규범과 행동 양식을 이해하는 데 중점을 두고 사회적 상호 작용과 의사소통을 분석하는 틀을 제공한다.

인류학적 관점은 문화를 포괄적이고 추상적인 생활 방식으로 정의하여 문화의 전체적 맥락과 복잡성을 강조하는 한편, 사회학적 관점은 문화를 구체적이고 실질적인 사회적 산물로 정의하여 특정 집단 내에서의 문화적 실체와 기능을 분석하는 데 초점을 맞춘다. 이 두 가지 관점은 연구 대상과 초점에서 차이를 보이지만, 문화를 삶의 다양한 측면과 긴밀히 연결된 개념으로 이해하고자 한다는 점에서 공통된 목표를 지닌다. 인류학적 관점과 사회학적 관점은 문화 연구의 영역에서 상호 보완적 역할을 하며 통합적 관점에서 문화를 이해할 수 있게 한다.

총체론적·관념론적 관점

문화에 대한 연구는 철학·역사학·고고 인류학·인문학·정치학·경제학·행정학 등 여러 학문적 범주에서 다양하게 나타나고 있다. 이는 크게 총체론적 관점과 관념론적 관점으로 구분하여 살펴볼 수 있다.

AI 시대 통번역의 포스트에디팅 전략

총체론적 관점에서는 특정 인간 집단이 향유하는 생활 양식의 전체성에 초점을 두고 문화에 접근한다. 이 관점은 문화를 특정한 사회 구성원으로서 인간이 획득한 신념·지식·예술·도덕·법률 등의 총체라고 정의하고, 하나의 유기체처럼 다양한 요소가 상호 보완적으로 작용한다고 강조한다.

　관념론적 관점은 문화를 주관적인 측면에서 해석하여 하나의 관념으로서 이해하고자 한다. 미국의 인류학자 워드 헌트 구디너프 Ward Hunt Goodenough 는 문화를 '사람의 행위나 구체적인 사물 그 자체가 아니라 사회 구성원들이 생활 양식이나 행위를 규제하는 관념체 또는 개념체'라고 정의하였다(1981). 이러한 관점은 문화를 사회 구성원의 주관적 인식과 가치 체계로 해석하고, 문화의 내면적이고 추상적인 측면을 강조하여 인간의 생각과 인식 및 가치와 규범이 어떻게 사회적 행동을 이끌어 내는지 설명하고자 한다.

　총체론적 관점과 관념론적 관점은 문화에 대한 이해와 해석에서 상호 보완적인 역할을 할 수 있다. 예를 들어 특정 사회에서의 축제나 의례는 총체론적 관점에서 다양한 물질적 요소와 행위가 결합된 생활 양식의 표현으로 볼 수 있는 한편, 이러한 축제나 의례가 가지는 상징적 의미와 사회적 규범은 관념론적 관점에서 분석될 수 있다. 이처럼 총체론적 관점은 문화의 외형적 측면과 구성 요소의 관계에 주목하여 문화의 구체적이고 물질적인 측면을 포착하는 데 유용하며, 관념론적 관점은 문화의 내재적인 가치와 규범에 초점을 맞추어 문화의 심리적·정신적 구조를 이해하는 데 도움을 준다.

● 거시적 관점
사회 구조나 제도 등 개인의 행위를 초월한 체계에 초점을 맞추어 현상을 이해하려는 관점이다.

● 미시적 관점
개인의 주관적인 세계나 행위, 집단과의 관계 등 작은 부분에 초점을 맞추어 현상을 이해하려는 관점이다.

거시적·미시적 관점

문화를 정의하는 또 다른 접근 방법인 ●거시적 관점과 ●미시적 관점도 통번역학 연구에서 적지 않은 영향을 미친다.

거시적 관점에서 문화는 인류의 모든 창조물과 활동을 포함하는 광범위한 개념으로 이해된다. 이 관점에서 문화는 물질적 창조물뿐만 아니라 사회적 구성원들이 창조한 생활 양식·가치관·종교·법률·예술 등과 같은 모든 영역을 포괄한다. 거시적 관점은 문화를 사회 공동체의 전체적인 삶의 양식으로 이해하여, 인간이 공동체를 통해서 생산한 모든 것을 문화라고 간주한다. 그러므로 거시적 관점은 인간 사회의 다양한 면모를 폭넓게 해석하려는 입장을 취한다.

이와 달리 미시적 관점은 문화를 더 제한된 범위에서 해석하고자 한다. 미시적 관점을 지지하는 학자 대부분은 문화를 인간의 정신적·관념적 산물로 이해하여, 특정 사회나 집단의 규범 혹은 행동 양식 및 상징적 의미에 더 집중한다. 미시적 관점은 문화를 일상생활의 특정 요소로 정의하며, 작은 사회적 행위와 구체적인 상호 작용으로부터 문화를 분석하고자 한다.

거시적 관점은 문화를 전체 사회의 맥락에서 이해하여 포괄적이고 광범위한 분석을 가능하게 한다. 이는 통번역 과정에 문화적 배경과 맥락을 폭넓게 활용할 수 있도록 한다. 그에 반해 미시적 관점은 문화의 구체적인 요소와 인간 행동의 상징적 의미에 초점을 맞추어, 세부적인 통번역 전략과 의사소통의 미묘한 차이를 조정하는 데 유용하다.

〈표 6-1〉 문화에 대한 다양한 관점

관점의 종류	문화에 대한 정의
인류학적 관점 vs. 사회학적 관점	• 문화를 포괄적이고 추상적인 생활 방식으로 정의 • 문화의 전체적 맥락과 복잡성을 강조
	• 문화를 구체적이고 실질적인 사회적 산물로 정의 • 특정 사회나 집단 내에서의 문화적 규범·행동 양식을 이해하는 데 중점
총체론적 관점 vs. 관념론적 관점	• 문화를 특정 인간 집단이 향유하는 생활 양식의 총체로 정의 • 문화의 외향적 측면과 구성 요소 간 관계에 주목
	• 문화를 사회 구성원의 주관적 인식과 가치 체계로 해석 • 문화의 내재적인 가치와 규범에 초점
거시적 관점 vs. 미시적 관점	• 문화를 인류의 모든 창조물과 활동을 포함하는 광범위한 개념으로 정의 • 인간 사회의 다양한 면모를 폭넓게 해석
	• 문화를 제한된 범위에서 해석, 인간의 정신적·관념적 산물로 특정 • 구체적인 사회적 행위와 상징적 의미에 집중

02
문화의 다층적 이해와 통번역사의 역할

통번역사가 문화를 다층적으로 이해하기 위해서는 복잡한 문화 구조와 인간 상호 작용의 본질을 먼저 파악하여야 한다. 이를 위해 영국의 인류학자이자 언어학자인 그레고리 베이트슨Gregory Bateson의 유형론적 관점Theory of Types과 미국의 인류학자 E. T. 홀E. T. Hall의 여러 문화 모델(고맥락·저맥락 이론, 빙산 모델, 삼위일체 모델)을 통합적으로 분석하고 적용할 필요가 있다.

베이트슨과 홀의 문화 이해와 통번역

베이트슨은 메시지가 전달되는 계층적 구조와 ●메타 메시지Meta Message의 역할을 통해 인간 상호 작용의 복잡성을 설명하고자 하였다(1972). 그는 메시지의 계층적 구조를 1차 메시지(Type 0), 2차 메타 메시지(Type 1), 3차 이상의 메타 메시지(Type 2, Type 3)로 구분하였다.

- **1차 메시지** 기본적인 정보를 전달하는 메시지이다. 예를 들어 "나는 피곤하다."라는 단순한 문장처럼 직접적으로 내용을 전달한다.
- **2차 메타 메시지** 메시지가 전달되는 방식·맥락·발화자의 말투·표정 등과 같은 상위 정보가 포함된 메시지이다. 예를 들어 "나는 피곤하다."를 짜증 섞인 어조로 표현한다면, 이는 상대방에게 피곤함을 넘은 다른 감정을 전달하려는 의도를 내포한다.
- **3차 이상의 메타 메시지** 더 높은 수준의 맥락과 상호 작용이 필요한 단계이다. 이 단계의 메시지를 이해하기 위해서는 발화의 문화적·사회적·상징적 의미를 분석하여야 한다. 예를 들어 특정 전통이나 관습을 따르는 발화는 문화적 배경 지식이 없으면 의도와 의미를 해석하기 어렵다.

베이트슨은 이러한 유형론적 관점을 제시하여 문화를 문화적 표현(메시지)과 문화적 맥락(메타 메시지)의 계층적 상호 작용으로 분석할 수 있다고 보았다. 통번역사는 이 계층적 구조를 이해함으로써 출발 언어의 문화적 표현과 맥락적 의미를 도착 언어에서 재현할 수 있게 된다.

문화적 맥락이라는 관점은 홀의 고맥락·저맥락 이론 High/Low Context Theory에서도 중요하게 작용한다(1959). 그는 의사소통에서 맥락이 차지하는 중요성을 기준으로 문화를 고맥락 문화와 저맥락 문화로 구분하였다. 홀의 이 이론은 문화적 차이를 이해할 수 있는 중요한 관점으로 작용한다.

- **고맥락 문화**　의사소통에서 많은 정보가 암묵적으로 전달되며, 정보에 대한 해석이 발화의 맥락과 비언어적 신호에 의존하는 문화이다. 예를 들어 아시아권 문화에서는 발화 내용보다 말투·표정·침묵 등의 비언어적 요소가 중요한 의미를 갖는다.
- **저맥락 문화**　의사소통상 대부분의 정보가 명시적으로 전달되어 발화 자체에 초점을 맞추어 정보를 해석하는 문화이다. 예를 들어 서구권에서는 직설적이고 명료한 표현을 선호하며 발화의 의미 구성 자체가 중요하게 여겨진다.

홀의 이론에 따르면, 고맥락 문화의 *암묵적 메시지를 저맥락 문화로 전달할 때 통번역사는 명시적이고 구체적인 방식으로 도착 언어를 재구성하여야 한다. 반대로 저맥락 문화의 메시지를 고맥락 문화의 언어로 옮길 때는 생략이나 축약 등의 방식을 사용하거나 비

*암묵적 메시지
명확히 표현되지 않지만 맥락을 통해 전달되는 메시지로, 고맥락 문화에서 중요한 역할을 한다. 통번역사는 이를 저맥락 문화권 언어로 옮길 때 명시적으로 재구성하여야 한다.

언어적인 메시지를 활용하고 암묵적인 의미를 적절히 추가하여 발화의 의도를 보완하여야 한다.

베이트슨과 홀의 이론은 통번역이 사회적·문화적 배경을 고려한 심층적 작업임을 설명해 준다. 통번역사는 출발 언어의 의미를 도착 언어로 정확히 전달하기 위해 다음과 같은 두 이론의 핵심을 이해하고 적용할 수 있어야 한다.

- **계층적 메시지의 해석**   통번역사는 텍스트와 발화가 전달하는 메시지(내용)뿐만 아니라 메타 메시지(맥락적 의미)도 분석하여 이를 도착 언어에서 적절히 재현하여야 한다. 발화자의 어조·표정·문화적 관습이 출발 언어의 의미를 크게 좌우할 경우, 통번역사는 이를 도착 언어에서 반영할 수 있어야 한다.

- **문화적 맥락 조정**   통번역사는 고맥락 문화와 저맥락 문화 간 차이를 조정하여, 출발 언어의 암묵적 의미나 상징적 표현을 도착 언어 사용자가 이해할 수 있는 방식으로 변환하여야 한다. 이는 통번역 과정에서 문화적 차이에 의해 발생할 수 있는 오해를 줄이고, 의사소통의 정확성을 높이는 데 기여한다.

- ●**문화적 감수성과 윤리적 책임**   통번역사는 통번역 과정에서 문화적 감수성을 바탕으로 윤리적 판단을 내릴 수 있어야 한다. 특정 문화적 맥락에서 민감하게 받아들여질 수 있는 표현이나 개념은 도착 언어 사용자에게 적합한 방식으로 적절히 조정하여 전달하여야 한다.

●**문화적 감수성**
가치관·신념·관습 등 다양한 문화적 배경을 이해하고 문화적 차이를 민감하게 인식하여 이를 유연하게 받아들이는 정서적 태도를 말한다.

AI 시대 **통번역의 포스트에디팅 전략**

홀의 인류학적 빙산 모델과 통번역

홀은 고맥락·저맥락 이론 외에 인류학적 빙산 모델The Cultural Iceberg을 통해 문화의 다층적 구조를 이해하고 설명하는 데 주요한 이론적 기반을 제공하고 있다(1976). 홀은 문화를 빙산에 비유하여 물 위에 드러난 '표층적 문화Surface Culture'와 물 아래에 숨겨진 '심층적 문화Deep Culture'로 구분하여 설명한다. 표층적 문화는 우리가 쉽게 인식할 수 있는 가시적이고 물리적인 요소로 구성된다. 이는 음식·의복·언어·예술 등 다른 문화에서도 관찰되고 이해하기 쉬운 영역이다. 반면 심층적 문화는 보이지 않는 내적 요소로, 세계관과 •문화적 정체성Cultural Identity을 형성하는 사고방식·가치관·신념 체계와 같은 사회적·심리적 측면을 포함한다.

홀은 표층적 문화가 심층적 문화를 반영하며, 유사한 표층적 문화를 가졌더라도 두 공동체의 심층적 문화에 차이가 있을 경우 •문화적 충돌이 발생할 수 있다고 보았다. 그러므로 문화 간 소통과 상

• 문화적 정체성
세계관·가치관·신념 체계 등 보이지 않는 심층적 문화 요소로 형성되며, 개인과 사회의 사고방식과 행동에 영향을 미치는 중요한 개념이다.

• 문화적 충돌
표층적 문화나 심층적 문화의 차이로 인해 발생하는 갈등을 의미한다. 효과적인 소통을 위해서는 심층적 문화에 대한 이해가 필수적이다.

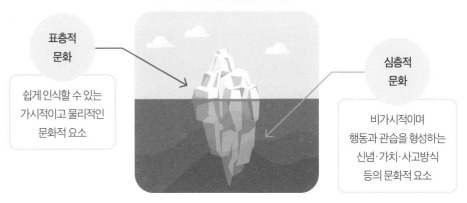

〈그림 6-1〉 홀의 인류학적 빙산 모델

표층적 문화

쉽게 인식할 수 있는 가시적이고 물리적인 문화적 요소

심층적 문화

비가시적이며 행동과 관습을 형성하는 신념·가치·사고방식 등의 문화적 요소

호 이해를 위해서는 표층적 문화뿐만 아니라 심층적 문화에 대한 이해도 필수적이라고 주장하였다.

이러한 관점은 통번역에서도 매우 중요한 의미를 갖는다. 통번역 사는 문화적 차이를 중재하고 다양한 문화 간 의미를 정확히 전달 하기 위해 문화적 맥락을 해석하고 이해할 수 있어야 한다. 통번역 사의 이러한 능력은 통번역의 정확성과 품질을 좌우하는 중요한 요 소이므로, 전문적인 통번역 교육과 실습에서 문화적 이해의 중요성 은 강조될 수밖에 없다.

홀의 삼위일체 모델과 통번역

홀은 인류학적 관점에서 설명되어 온 문화의 전통적 개념을 문화 의 삼위일체 모델Triad of Culture Model로 재개념화하였다(1959, 1990). 이 관점에서 홀은 문화를 물질문화Material Culture, 행동 문화Behavioral Culture, 관념 문화Ideational Culture의 세 가지로 나누어 소개한다. 물질 적 표현에서 추상적 가치까지 문화에 포괄적으로 접근하는 이 모델 은 문화의 복잡성과 다층적 특성을 체계적으로 설명한다. 홀은 물질

〈표 6-2〉 문화의 삼위일체 모델

구성 요소	개념
물질문화	• 특정 사회나 집단에서 생성된, 물리적으로 관찰 가능한 산물
행동 문화	• 특정 사회에서 사람들이 반복적으로 수행하는 행동과 관습
관념 문화	• 특정 사회를 형성하는 가치·신념·사고방식 등 추상적 요소

문화를 특정 사회나 집단에서 생성된, 물리적으로 관찰 가능한 산물이라고 정의한다. 여기에는 기술·도구·건축물·의복·예술품·음식과 같은 유형적 요소들이 포함된다. 이러한 요소들은 가시적이고 직접적으로 경험할 수 있는 문화적 산물로, 비교적 명확한 의미를 전달하므로 통번역 과정에서 큰 문제를 일으키지 않는다. 이 층위에서 번역은 텍스트와 텍스트 외적 참조를 통해 문화적 가치를 다른 문화권에 전달하는 역할을 수행한다. 또한 번역에서 명확히 드러나는 문화적 참조는 효과적인 의사소통을 촉진하고 문화적 충돌을 최소화하는 데 기여한다.

행동 문화는 특정 사회에서 구성원들이 반복적으로 수행하는 행동과 관습을 의미하며 언어적·비언어적 의사소통, 전통적 의식과 규범, 사회적 상호 작용 등을 포함한다. 사회 구성원의 규범과 관습을 반영하는 이 층위의 통번역은 공동체가 공유하는 일반적 가치와 행위 지침인 문화적 규범을 반영할 수 있어야 한다. 이때 통번역사는 통번역 과정에서 문화적 참조와 중재를 통해 문화적 충돌을 최소화하는 것을 목표하게 된다. 이에서 이루어지는 통번역 연구는 실용적 분야와 문화 간 통번역의 맥락에서 이루어지며, 박물관 브로슈어나 오디오 가이드에서의 ●사운드스케이프Soundscape 같은 ●다중 모달 담론Multimodal Discourse과도 관련된다.

관념 문화는 특정 사회의 구성원들이 무의식적으로 내면화한 세계관·가치·신념·사고방식과 같은 추상적 요소로 정의된다. 이는 물질문화와 행동 문화를 형성하고 지탱하는 정신적 기반을 이룬

●**사운드스케이프**
소리(sound)와 풍경(scape)의 합성어로서 인간이 인지하는 모든 소리의 조합, 즉 소리 환경을 가리킨다.

●**다중 모달 담론**
언어뿐만 아니라 이미지·소리·영상 등 여러 의사소통 방식이 상호 작용하며 의미를 구성하는 과정을 연구하는 담론이다.

다. 이 층위의 문화는 오스트리아의 심리학자 지그문트 프로이트 Sigmund Freud가 '사회화 과정을 통해 사회적 규범과 기준이 내면화된 체계'라 정의한 초자아 개념과 유사하며, 행동과 상호 작용하는 일관된 신념·가치·심리적 전략의 체계로 이해된다. 이 층위에서의 통번역은 출발 언어가 속한 문화적 배경과 사회적 의미를 깊이 이해하고, 이를 도착 언어와 문화에 적절히 전달하는 과정이라고 설명할 수 있다. 이러한 접근은 미국의 철학자 콰메 앤서니 애피아가 제안한 '●두꺼운 번역 Thick Translation' 개념과도 연결된다(1993, 2012). 다른 문화 간 의사소통에서 관념 문화에 대한 이해는 매우 중요하게 역할하므로, 통번역사는 문화적 차원과 핵심 가치에 대한 이해를 기반으로 성공적인 의사소통을 위한 전략을 고민하여야 한다.

03
문화 이해의 새로운 흐름과 통번역

●두꺼운 번역
주석과 참조를 통해 풍부한 문화적·언어적 맥락에서 의미를 전달하려는 번역 방식이다.
●공동체의 가치
특정 사회가 공유하는 신념·규범·행동 양식으로 구성되며, 구성원의 문화적 정체성을 형성하고 유지하는 핵심 요소로 작용한다.

문화는 전통적으로 문화적 상징·행동 양식·●공동체의 가치 등으로 구성된, 인지 가능한 요소로 이해되어 왔다. 하우스는 이것을 '문화에 대한 낡은 사고'라고 지적하고, 전통적인 문화에 대한 이해가 고정된 개념에 얽매여 있다고 비판하였다(2016). 그녀는 문화를 고정된 구조가 아닌, 끊임없이 변화하는 동적인 실체 Dynamic Entity로 보아야 한다고 주장하였다.

•포스트모더니즘Postmodernism의 확장과 부상은 기존의 •태생적 문화주의Inherent Culturalism 중심 모델에 의문을 제기하며, 언어나 출생·성장의 공동체 또는 지역적 영역이 개인의 문화를 결정하지 않을 수 있음을 강조하였다. 이와 같은 접근은 문화가 단일하고 불변하는 것이 아니라 다양한 요소와 상호 작용하면서 끊임없이 변형되고 재구성되는 개념이라고 주장한다.

미국의 인류학자 스티븐 버토벡Steven Vertovec은 이러한 문화적 변화 가능성을 반영하여 글로벌화된 현대 사회에 나타나는 복합적이고 다층적인 다양성을 의미하는 '초다양성Superdiversity'이라는 개념을 제시하였다. 그는 사람들이 고정된 문화적 정체성을 갖고 살아가는 것이 아니라, 다양한 사회적 배경과 맥락 속에서 서로 다르게 경험하고 상호 작용한다고 보았다. 버토벡은 현대 사회가 다문화적 요소를 넘어 더 복합적이고 유동적인 정체성으로 이루어져 있으며, 연구에서 이러한 다양성을 중요한 요소로 고려하여야 한다고 주장하였다.

최신의 문화 연구 접근법과 통번역

포스트모더니즘 문화 연구는 앞서 언급한 바와 같이 문화가 고정된 개념이 아니라 끊임없이 변화하는 동적 실체임을 강조한다. 과거에는 문화를 특정한 상징·행동 양식·공동체의 가치 등의 요소로 정의하는 관점이 지배적이었다. 하지만 통번역을 거치는 과정에서 이러한 요소들은 유지되기도 하고 변형되거나 사라지기도 한다. 이

• **포스트모더니즘**
모더니즘(근대주의)에 대한 반작용으로 등장한 사조이다. 기존의 고전적 사고방식이나 절대적 진리를 거부하고, 상대적이고 다원적인 관점을 강조한다.

• **태생적 문화주의**
인간의 정체성이나 문화가 후천적으로 습득되거나 변화하는 것이 아니라, 생득적으로 내재된 본질에 의해 결정된다고 보는 관점이다.

때문에 포스트모더니즘 문화 연구에서는 태생적 문화주의 중심 모델을 탈피하여, 문화가 특정 언어·지역·공동체에 의해 결정되지 않을 수도 있음을 시사한다.

통번역학에서도 포스트모더니즘 문화 연구의 영향을 받아 다양한 이론적 접근이 전개되어 왔다. 대표적으로 폴리시스템 이론Polysystem Theory, 포스트 식민주의 번역 이론Postcolonial Translation Theory, •내러티브 이론Narrative Theory 등이 통번역과 문화 간의 관계를 설명하는 중요한 이론적 기반으로 자리 잡았다.

이스라엘의 번역학자 이타마르 이븐조하르Itamar Even-Zohar가 제안한 폴리시스템 이론은 문학을 단일한 텍스트가 아닌 다수의 하위 시스템이 상호 작용하는 복합적이고 동적인 구조로 보고, 문학 번역을 다원적인 체계로 이해하고자 하였다(1990). 이에 따라 번역이 단일한 기준에 의해 평가되는 것이 아니라 다양한 문화적 맥락에서 서로 다르게 해석될 수 있음을 강조하였다.

인도의 문화학자이자 번역학자 테자스위니 니란자나Tejaswini Niranjana는 포스트 식민주의 번역 이론을 통해 20세기의 번역이 단지 문화 간 소통의 도구가 아니라, 서구의 보편성과 비서구의 특수성을 구분하는 위계질서 강화에 기여하였다고 비판한다. 이 이론은 번역이 식민지적 권력 구조를 재생산하는 도구가 될 수 있음을 경고하며, 번역 과정에서 힘의 불균형을 비판적으로 인식하여야 한다고 주장한다.

이 밖에도 베이커에 의해 번역학에 도입된 내러티브 이론은 번역

•내러티브 이론
내러티브(서사)를 통해 인간의 지식과 경험을 탐구하는 이론이다. 번역학에 적용된 이 관점은 번역이 출발 텍스트와 대상 문화 간의 상호작용을 통해 다양한 해석과 의미를 만들어 내는 과정이며, 번역사는 문화적 맥락을 재구성하여 도착 텍스트 독자에게 전달하는 역할을 수행한다고 본다.

AI 시대 통번역의 포스트에디팅 전략

이 새로운 내러티브를 생성하는 창의적 과정임을 강조한다. 베이커는 번역이라는 행위를 하나의 언어로 구성된 내러티브를 다른 언어로 리프레임 Reframe 하는 행위라고 정의하며, 이 과정에서 번역사의 의도가 침입적 간섭으로 반영될 수 있다고 설명하였다. 이에 따르면 번역은 출발 언어의 의미에 대한 반영을 넘어, 특정한 문화적·이데올로기적 맥락 속에서 재구성되는 번역사의 적극적인 전략의 결과라고 할 수 있다.

AI 시대 통번역학의 과제

오늘날 통번역은 완전한 중립적 행위가 아니라 사회적 책임과 윤리적 고려를 수반하는 행위이며, 글로벌 사회 속 권력에 규제받는 행위이다. 실제로 통번역사는 취약한 '공동체'와 지배적 '시스템' 중 어느 쪽을 위해 일할 것인지 선택하여야 할 때가 많다. 이러한 상황에서 통번역사는 자신의 작업이 지닌 사회적 영향력을 인식하고, 윤

'윤리적 대리인'으로서 통번역사는 자신의 작업이 지닌 사회적 영향력을 인식하고 자신의 작업에 대한 행위적 책임을 가져야 한다.

● **윤리적인 통번역 실천**
통번역사가 문화적 다
양성과 균형을 반영하
여 사회 변화에 대한 윤
리적 대리인으로서 책
임을 다하는 것을 의미
한다. 이는 통번역 과정
에서 문화적 서사와 담
론을 재구성하는 적극
적인 역할 수행 및 기계
번역과 다른 통번역사
의 고유한 책임과 역할
을 강조한다.

리적인 선택에 관해 고려할 필요가 있다. 많은 학자가 통번역사에게 '사회 변화의 윤리적 대리인'으로서 문화적 다양성과 균형을 반영하여 행동할 것을 당부하고 있다.

문화적 서사와 담론의 재구성 과정에서 적극적 역할을 수행하는 통번역사는 자신의 작업 행위에 대한 책임이 있다. 그리고 이러한 책임은 통번역사가 기계 번역과 대립할 수 없는 근거가 된다. 이러한 관점을 반영하여 21세기 통번역학은 앞으로도 비판적 관점으로 더 정교하고 ●윤리적인 통번역 실천에 대해 모색하여야 할 것이다.

주요 개념

베이트슨과 홀의 문화 이해

• 베이트슨의 유형론적 관점   메시지의 계층적 구조와 메타 메시지라는 개념을 통해 문화를 문화적 표현과 맥락적 의미의 계층적 상호 작용으로 분석한다.

• 홀의 고맥락·저맥락 이론   의사소통에서 맥락이 차지하는 중요성을 기준으로 고맥락 문화와 저맥락 문화로 구분한다. 고맥락 문화는 암묵적 정보 전달이 많고, 저맥락 문화는 명시적 정보 전달이 강조된다.

• 홀의 인류학적 빙산 모델   문화를 표층적 문화와 심층적 문화의 두 가지로 나눈다. 이때 표층적 문화는 외적으로 드러나는 언어·행동 등을 포함하고, 심층적 문화는 가치관·신념·사고방식 등으로 구성된다.

• 홀의 삼위일체 모델   문화를 물질문화·행동 문화·관념 문화라는 세 가지로 나누어, 물질적 표현에서 추상적 가치까지 포괄적으로 이해하려는 접근이다.

핵심 요약

1. 인류학은 문화를 구성원이 배우고 공유하는 모든 지식·신념·예술·도덕 등의 총체로 설명하고, 사회학은 문화를 인류가 공유하는 사회적 산물로 본다.

2. 총체론적 관점에서는 문화를 인간 집단이 향유하는 생활 양식을 중심으로 정의하고, 관념론적 관점에서는 문화를 사회 구성원을 규제하는 관념체나 개념체로 설명한다.

3. 거시적 관점에서 문화는 인류의 모든 창조물과 활동을 포함하는 개념으로 이해되며, 미시적 관점에서 문화는 인간의 정신적·관념적 산물로 정의된다.

전략 구상

1. 문화에 대한 다양한 접근법을 이해하고 비교하여 포스트에디팅에 적용할
방법을 탐색하여 보자.

2. 다양한 문화 간 의사소통에서 문화적 맥락과 요소를 고려하는 통번역을
수행하기 위해 필요한 역량은 무엇인지 생각하여 보자.

7 통번역과 전환

 POINT!

- 포스트에디팅을 활용한 문화 간 통번역의 가능성을 탐색할 수 있다.
- 문화 전환의 개념을 파악하고, 문화적 맥락 전달에 유념한 통번역 전략을 구상할 수 있다.

통번역학의 역사는 '충실성'과 '등가성'을 중심으로 원문과 번역
문 간의 관계를 탐구하는 다양한 논쟁에서 시작되었다. 이러한 전통
적 접근에서 통번역에 대한 논의는 원문에 얼마나 충실한가, 즉 원
문의 의미와 형태를 번역문이 얼마나 정확하게 반영하고 있는가에
집중되었다. 그러나 시간이 지나면서 통번역학은 더 복합적인 응용
학문으로 발전하였고, 그 과정에서 ●기술론적 번역학, ●문화학적 번
역학 등 다양한 접근 방식이 등장하게 되었다.

　통번역에 대한 새로운 접근 중 영국의 번역학자 수잔 바스넷 Susan
Bassnett과 벨기에의 번역학자 안드레 르페브르 André Lefevere 의 공동
작업인 《Translation, History and Culture》는 통번역학의 역사에서
중요한 변곡점을 제공하였다고 평가받는다(1990). 이들은 통번역학
연구의 초점을 원문 중심에서 번역문 중심으로, 그리고 출발 문화에
서 도착 문화로 옮기는 데 기여하여 통번역학의 '문화적 전환'을 주
도하였다. 이 관점은 통번역을 사회적·정치적 맥락에서 이해하고

●기술론적 번역학
과학적 방법론과 언어
학적 분석법으로 번역
을 연구하고 그 과정을
설명하는 번역학이다.
●문화학적 번역학
언어 간 대응을 넘어 사
회적·문화적 맥락에서
번역을 연구하는 번역
학이다.

자 하는 연구로 확장시켰으며, 이후 통번역의 이론 발전에 중요한 계기를 마련하였다.

01
문화 간 통번역의 가능성

통번역의 핵심 목적 중 하나는 서로 다른 문화 간 의사소통의 통로를 마련하는 것이다. 각 문화는 정치·경제·사회·관습·예술·종교·언어 등 다양한 요소로 구성되어 있으며, 이러한 요소들의 상호작용을 통해 고유한 문화적 특성이 형성된다. 각기 다른 문화적 특성으로 인해 문화 간 통번역에는 출발 문화의 다양한 요소를 도착 문화에 맞게 전환하는 복합적인 과정이 포함된다. 문화적 요소의 차이로 인해 통번역은 때로 아주 어려워지거나 심지어 불가능해질 수도 있고, 통번역사는 문화적 요소의 차이 극복이라는 큰 도전에 직면하게 된다.

라이스와 페어메어는 "영어, 프랑스어, 독일어와 같이 유사한 표면 구조를 가진 언어들 사이에서도 번역 작업은 언어문화의 패러다임을 이해하지 못하면 불가능하다."라고 주장하였다(2013). 이는 통번역이 언어적 지식만으로는 이루어질 수 없으며, 출발 언어가 속한 문화적 패러다임의 이해가 필수적임을 뜻한다. 이와 유사하게 노드는 "번역은 때때로 등가가 불가능한 일을 가능하게 하라는 요구와 같다."라고 지적하였다(2006). 이는 번역사가 원문과 번역문 사이에서 완벽한 의미적 등가성을 찾는 것이 얼마나 어려운 일인지를 강조하는 동시에, 번역이 항상 출발 문화와 도착 문화 간 균형을 유지하여야 하는 도전적인 작업임을 상기시킨다.

이러한 견해들은 독일의 철학자이자 언어학자인 빌헬름 폰 훔볼트Wilhelm von Humboldt가 주장한, 서로 다른 두 언어 간 절대적인 번역 불가능성과 맥을 같이한다. 훔볼트는 언어가 그 자체로 특정한 문화의 표현이므로, 서로 다른 언어 간 완벽하게 동일한 뜻을 가진 단어나 문법 구조는 존재하지 않는다고 주장하였다. 그리고 동일한 문화적 상황도 존재하지 않기 때문에 언어적 번역뿐만 아니라 문화적 번역도 불가능하다는 결론에 도달하였다. 이러한 절대적 번역 불가능성 이론은 번역 과정에서 발생하는 문화적 차이를 강조하며, 번역사가 직면하는 근본적인 한계를 보여 준다.

그러나 절대적 번역 불가능성에 동의하지 않는 학자도 많다. 슐라이어마허를 포함하여 •해석학적 접근을 지지하는 학자들은 언어가 가지는 독특한 개별성을 인정하면서도, 의미와 표현 간 중개를 통해 번역이 가능하다는 입장을 취하였다. 이들은 번역에서 원문의 형태에 대한 맹목적인 충실성을 버리는 대신, 의사소통의 의도나 내용에 대한 충실성을 견지함으로써 번역 가능성을 주장하였다. 슐라이어마허는 원문과 번역문 사이에 존재하는 번역사가 텍스트의 깊이 있는 내용과 문화적 함의를 번역문 독자에게 전달하여야 한다고 주장하며, 번역이 창조적인 문화적 소통의 과정임을 강조하였다.

• 해석학적 접근
언어의 개별성을 인정하면서도 의미와 표현의 중개를 통해 번역이 가능하다고 설명한다. 이는 원문의 형태에 대한 맹목적 충실성보다 의사소통의 의도와 내용에 대한 충실성을 강조하며, 번역을 창조적 문화 소통 과정으로 본다.

<그림 7-1> 문화 간 전환 가능성에 대한 주장

문화 간 전환 불가능성	문화 간 전환 가능성
• 라이스와 페어메어 　언어문화의 패러다임을 이해하지 못하면 통번역도 불가능하다. • 노드 　원문과 번역문 사이 완벽한 의미적 등가를 찾는 것은 불가능하다. • 훔볼트 　완벽하게 동일한 뜻을 가진 단어나 문법이 존재할 수 없으므로 문화적 번역도 불가능하다.	• 슐라이어마허 외 　서로 다른 언어 체계가 동일한 세상을 각기 다른 모습으로 인지하게 한다. 그러므로 개별적 차이는 있지만 의미와 표현 간, 그리고 문화적 중개를 통해 통번역은 가능할 수 있다.

vs.

　　이질적인 문화 요소가 반영되어 있더라도 통번역사가 도착 언어 사용자에게 이해하기 쉽도록 적절하게 전달할 수 있다면, 두 언어문화 집단 간 문화적 장벽을 넘는 상대적 통번역 가능성은 실현될 수 있다. 이는 통번역사가 출발 언어와 도착 언어를 사용하는 언어문화 집단의 문화적 경험 차이를 인식하고, 그 차이를 반영하여 적절한 언어적 표현을 선택하는 데에서 시작된다. 통번역사는 이러한 노력을 통해 통번역의 상대적 가능성을 높이고, 문화 간 소통을 원활하게 만드는 데 중심적인 역할을 하여야 한다.

02
통번역학에서 전환 개념과 응용

통번역학에서 언어와 문화 사이에 발생하는 정보·의미·표현 등의 이동을 뜻하는 '전환Transfer'은 미국의 번역학자 제임스 홈즈James Holmes가 처음 제시한 이래 통번역학의 중심적인 개념으로 자리 잡았다(1972, 1988). 홈즈는 전환이 한 언어에서 다른 언어로의 단순한 언어적 재생산을 넘어 사회적·문화적 맥락을 고려한 복잡한 과정 변화까지 포함한다고 주장하며, 통번역 행위가 출발 언어의 의미 보존과 재해석 및 재조정을 동시에 수행하는 작업임을 강조하였다.

20세기 말까지 전환은 주로 문학 번역에서 다루어지던 개념이었으나, 최근에는 비문학 텍스트나 다양한 매체에서의 통번역 행위까지 아우르는 포괄적 개념으로 확장되었다. 전환의 개념적 확장은 통번역학의 연구 영역을 넓히고, 통번역이 언어와 문화의 복잡한 상호작용 과정임을 이해하는 데 중요한 역할을 한다.

통번역 과정에서 '전환'은 '번역Translation'과 유사한 개념으로 여겨지기 쉬우나, 그 의미와 적용 범위에서 중요한 차이를 갖는다. 그 개념 차이는 통번역 행위의 과정에서 확인할 수 있다.

번역은 한 언어를 다른 언어로 변환하는 연속된 과정을 가리킨다. 이 과정에서 통번역사는 출발 언어의 언어적 특성·문법 구조·어휘·문맥적 의미 분석 등을 수행하며, 〈표 7-1〉과 같은 복잡한 단계를 진행한다.

<표 7-1> 번역의 과정

출발 언어 분석	출발 언어의 어휘·문법·구문 구조 등을 이해하는 단계이다. 출발 언어의 의미와 뉘앙스를 파악한다.
↓	
문화적 맥락 이해	출발 언어의 문화적 배경과 맥락을 이해하고, 이를 도착 언어의 문화적 맥락에 맞게 변환한다.
↓	
독자 고려	도착 언어 사용자의 언어 능력·문화적 배경·지식수준 등을 고려하여 도착 언어로 재구성한다.
↓	
장르적 특징 반영	출발 언어의 스타일·톤·형식을 도착 언어에서도 유지한다.

전환은 번역 과정에서 언어적·문화적 변형을 생성하는 핵심적 행위로 출발 언어의 의미와 형식을 도착 언어와 도착 문화의 맥락에 맞도록 조정하는 과정이다. 전환은 단순한 언어적 변환보다 더 깊은 층위에서 진행되어, <표 7-2>와 같은 세 가지 행위로 설명된다.

전환은 번역보다 더 심층적인 인지적 변화를 가리키는 개념으로, 언어의 구조적·문화적 변화가 포함된 다층적 인지 행위라고 설명할 수 있다. 이러한 개념적 설명은 통번역사가 단순히 텍스트와 발화를 언어적으로 변환하는 것을 넘어, 새로운 문화적 맥락에서 그 의미를 재구성하고 조정하는 *인지적 행위의 수행'을 이해하도록 한다.

번역은 출발 언어의 언어적·문화적 특성을 분석하고 이를 도착 언어로 충실하게 전달하는 과정이며, 전환은 번역의 과정에서 발생

● 인지적 행위의 수행
통번역사가 출발 언어의 의미와 구조를 도착 언어의 문화적 맥락에 맞게 재구성하고 두 문화 간 차이를 인식하고 효과적으로 조정해 원활한 의사소통을 돕는 것을 말한다.

<표 7-2> 전환의 과정

기호학적 전환	출발 언어의 기호학적 요소를 도착 언어로 변환하는 과정이다. 언어적 요소뿐만 아니라 문화적 기호도 포함한다.

↓

의미의 재구성	출발 언어의 의미를 도착 언어의 문화적 맥락에서 재구성하는 단계이다. 출발 언어의 의미를 정확히 이해하여 도착 언어 사용자가 이해할 수 있도록 재구성한다.

↓

문화적 조정	문화적 관습·사회적 규범 등 두 언어 공동체의 문화적 차이를 고려하여 도착 언어를 조정하는 과정이다.

하는 심층적인 변환을 뜻한다. 통번역사는 전환과 번역의 개념을 이해하고 적용함으로써 출발 언어의 의미를 도착 언어와 문화적 맥락에 맞게 정확히 전달할 수 있다.

문화 전환과 문화적 적응

문화 전환Culture Transfer이란 출발 문화에서 도착 문화로 문화적 요소·관습·가치관·아이디어 등의 차이를 조정하여 옮기는 과정이다. 주로 •사회 과학·인류학·사회학 분야에서 사용되는 이 개념은 통번역학에까지 확장되어, 다양한 문화적 맥락에서 사상·기술·언어·행동 양식이 어떻게 채택되고 변형되는지 연구하는 데 중요한 개념으로 활용되고 있다. 문화 전환은 문화 간 교류와 상호 작용의 결과로, 문화적 요소가 새로운 문화적 환경에 통합되어 적응하거나 변형되는 과정을 설명해 준다.

• 사회 과학
인간 사회의 여러 현상을 과학적이고 체계적인 관점으로 연구하는 학문이다.

문화 전환은 글로벌 사회 속 이해와 공감을 촉진하며 다른 문화 간 소통을 가능하게 한다.

문화 전환은 21세기 글로벌 사회에서 더욱 중요한 개념이 되었다. 글로벌 사회에서 서로 다른 문화 간 접촉으로 인한 충돌은 불가피하며, 이 과정에서 개별 문화는 다른 문화 요소를 수용하기도 하고 자신들의 문화적 특성에 맞게 재조정되기도 한다. 수용과 재조정은 문화적 다양성을 인지하고 문화 간 차이를 존중하여야 하는 글로벌 사회 구축에 유의미하게 작용한다. 따라서 문화 전환은 글로벌 사회 속 이해와 공감을 촉진하며, 서로 다른 배경을 가진 사람들 간 소통을 가능하게 하는 중요한 수단이라고 할 수 있다. 이러한 문화 전환이 성공적으로 이루어지기 위해서는 문화 간 차이에 대한 이해와 다양한 문화적 표현을 상호 존중하는 인식이 필요하다.

문화 전환은 단순한 물리적 문화 이동이나 언어 간 전환을 넘어선, 복잡하고 다차원적인 인지 과정이다. 문화 전환을 다루는 연구는 문화적 요소가 새로운 문화적 맥락에서 어떻게 재구성되고 재정의되는지를 탐구하므로, 인간의 문화적 적응이라는 행위와 밀접하게 연결되어 있다. 새로운 문화적 환경에 적응하여야 할 때 인간은 자신의 문화적 배경을 유지하면서도 새로운 문화의 규범과 가치를 이해하고 수용하게 된다. 이중 정체성을 형성하는 이러한 과정은 다양한 문화적 배경을 가진 사람들이 공존하는 다문화 사회를 설명하

AI 시대 통번역의 포스트에디팅 전략

는 데에도 중요한 개념이 되어 준다.

문화 전환은 경제적·정치적·사회적 차원에서도 중요한 개념이다. 예를 들어 다양한 문화적 배경을 가진 직원을 둔 글로벌 기업에서 문화 전환은 필수적인 과정이다. 글로벌 기업은 문화 전환을 통해 다양한 문화적 맥락에서 성공적으로 운영될 수 있으며, 글로벌 시장에서의 경쟁력을 유지할 수 있다. 국제 관계와 외교 등 정치적 차원에서도 문화 전환은 중요한 요소로 작용하여, 서로 다른 문화적 배경을 가진 국가들이 상호 이해와 협력을 통해 평화로운 관계를 유지하도록 도움을 준다. 사회적 차원에서 문화 전환은 지역 사회의 통합과 포용을 촉진하여 상호 이해와 존중을 바탕으로 한 공동체 형성과 다양한 문화적 배경을 가진 사람들의 공존에 필수적인 개념으로 기능한다. 이렇듯 문화 전환의 과정을 통해 현대 사회는 더욱 풍부하고 다양한 문화적 표현을 수용할 수 있다.

문화 번역과 문화 전환

문화 번역Culture Translation은 한 문화의 가치나 콘텐츠를 다른 문화의 언어와 문화적 맥락에 맞게 해석하고 재현하는 과정이다. 해당 문화의 사고방식·관습·가치관을 깊이 이해하고 이를 다른 문화에서 이해할 수 있도록 옮기는 문화 번역은 문학·영화·광고 등 문화에 의존하는 다양한 채널을 통해 이루어진다.

글로벌화 사회에서 문화 번역의 중요성은 더욱 커지고 있다. 다양한 아이디어·표현·장르 등이 세계적으로 이해되고 수용되기 위해 문화 번역 과정은 필수적이기 때문이다. 문화 번역은 다양한 문화적 배경을 가진 사람들을 연결하는 서로 다른 문화 간 다리로 역할한다. 또한 글로벌 커뮤니케이션을 위한 필수적인 도구로, 서로 다른 문화적 가치와 사상을 공유하는 데에도 기여함으로써 문화 간 소통뿐 아니라 문화적 적응과 통합의 수단으로 작용한다. 이때 성공적인 문화 번역은 문화적 다양성 인식 및 다양한 문화적 표현의 상호 존중이라는 기반 위에서 이루어질 수 있다.

문화 번역이 한 문화의 가치나 콘텐츠를 다른 문화의 언어와 문화적 맥락에 맞게 재해석하고 재현하는 과정이라면, 문화 전환은 한 문화의 요소가 다른 문화로 이전되어 적응하거나 변형될 때 일어나는 통번역사의 인지적 행위를 말한다. 이 과정에서 문화적 요소는 새로운 문화적 환경에 통합되어 변형될 수 있다. 문화 간 직접적인 교류 때 다양한 사상·기술·언어·행동 양식이 새로운 문화적 맥락

〈표 7-3〉 문화 번역과 문화 전환

	문화 번역	문화 전환
정의	•언어적·사회적 맥락을 고려하여 한 문화에서 다른 문화로 문화적 요소가 해석·변환되는 과정	•한 문화에서 다른 문화로 문화적 요소(관습·가치관·아이디어·행동 양식 등)가 전달되는 과정
기본 과정	•문화적 요소가 새롭게 변환 및 재구성	•문화 간 직접적인 전이
변화의 정도	•한 문화의 요소가 번역 과정에서 재해석 및 변형	•한 문화의 요소가 전이되어 다른 문화에 적응
접근 방식	•언어적·문화적 요소를 재구성하여 새로운 의미 부여	•문화적 차이를 좁히고 문화적 적응 유도

AI 시대 통번역의 포스트에디팅 전략

에서 재구성되거나 수용되는 과정인 문화 전환은 문화적 다양성을 인식하고 다른 문화를 존중하는 방식으로 진행되므로, 여기에는 통번역사의 깊이 있는 문화적 이해와 재해석 능력이 필요하다.

이 두 개념은 문화적 다양성에 대한 존중과 인식에 기반하며 글로벌 사회에서 문화 간 이해와 소통을 촉진한다는 공통점을 갖는다. 그리하여 이 두 개념은 각기 다른 문화적 배경을 가진 사람들이 서로의 관점을 이해하고 공감대를 형성하는 데 중요한 역할을 하므로, 통번역을 공부하는 학생들에게 필수적인 학습 요소이다.

다만 문화 번역이 주로 문학·영화 등 다중 매체를 통해 다른 문화로 의미를 전달하는 통번역 과정을 설명한다면, 문화 전환은 사회 과학·인류학·사회학에서 사용되는 용어로서 문화적 요소가 새로운 문화에 어떻게 적응하고 변형되는지를 다루는 통번역사의 인지적 행위를 설명한다. 예를 들어 문학 번역 연구에서는 출발 텍스트의 정서와 메시지를 도착 언어와 문화 속에서 어떻게 재현할 것인가를 고민한다면, 사회 과학의 문화 전환 연구에서는 한 사회의 관습이 다른 사회에 도입되었을 때의 변화를 분석하는 식이다. 통번역학 학습자는 두 개념을 이해함으로써 문화적 차이를 극복하고 다른 문화 간 의사소통을 효과적으로 수행할 수 있어야 한다.

주요 개념

통번역의 가능성을 둘러싼 논쟁

• 라이스와 페어메어　언어가 속한 문화적 패러다임을 이해하여야만 제대로 된 통번역이 가능함을 시사하였다.

• 노드　원문과 번역문 간 완벽한 의미적 등가 발견의 어려움을 강조하였다.

• 훔볼트　완벽하게 동일한 뜻을 가진 단어나 문법 구조가 존재하지 않으므로 문화적 번역이 불가능함을 주장하였다.

• 슐라이어마허　언어의 개별성을 인정하면서도 의미와 표현 간 중개를 통해 번역이 가능하다고 주장하였다.

핵심 요약

1. 번역은 한 언어를 다른 언어로 변환하는 연속된 과정으로, 출발 언어의 의미와 의도를 유지하여 전달하는 것이 중요하다.

2. 전환은 통번역 과정에서 출발 언어의 의미와 형식을 새로운 언어와 문화적 맥락에 맞도록 조정하는 과정으로, 문화적 요소까지 고려하여 자연스럽게 적응시키는 것이 핵심이다.

3. 문화 번역은 한 문화의 가치나 콘텐츠를 다른 문화의 언어와 문화적 맥락에 맞게 재해석하고 재현하는 과정이다.

4. 문화 전환은 한 문화의 요소가 다른 문화로 이전되어 적응되거나 변형될 때 일어나는 통번역사의 인지적 행위를 말한다.

전략 구상

1. 문화 번역과 문화 전환의 개념을 이해하고 이를 활용한 포스트에디팅 전략을 구상하여 보자.

---

8 통번역과 변환

POINT !

- 통번역 과정상 변환의 개념을 이해하고 포스트에디팅 전략에 효과적으로 적용할 수 있다.
- 변환에 관한 이론을 익히고 통번역 과정에서 문화적 재구성력을 발현할 수 있다.

통번역을 시작하기 전에 반드시 고려하여야 할 점은 출발 언어의 유형과 장르이다. 통번역의 기본 목적은 출발 언어의 의도와 기능을 정확하게 전달하는 데 있으므로, 그 유형과 장르를 정확히 이해하고 이에 따른 적절한 전략을 선택하는 것이 필요하다. 특히 번역 과정에서는 출발 텍스트의 장르적 특성과 기능적 요소가 도착 텍스트에서도 최대한 유지되도록 하여야 한다.

이러한 특성 때문에 전통적인 번역학에서는 번역 방법을 크게 단어 대 단어의 대응 번역·직역·의역의 세 가지로 분류하였다. 대응 번역은 가능한 한 직역하여 출발 텍스트와 도착 텍스트의 단어를 대응시키는 방식으로, 주로 학술 번역이나 법률 문서 번역과 같이 출발 텍스트의 내용을 완벽하게 전달하고자 할 때 사용된다. 직역은 출발 텍스트에 대한 충실성을 중시하는 번역 방식이며, 의역은 도착 텍스트의 자연스러움을 중시하는 번역 방식이다. 직역과 의역의 방법론적 차이는 통번역학에서 중요한 논점 중 하나이다.

01
번역의 접근법과 변환 이론

전통적인 번역학은 성서와 주요 문학 작품의 번역을 중심으로 발전해 왔다. 제2차 세계 대전 이후 1950년대부터 정치·사상·학문·경제 등 다양한 분야에서 국제적 교류가 활발해지면서 번역에 대한 관심이 급증함에 따라, 번역 방법을 설명하고 그 방법을 체계화하려는 여러 접근법이 제시되었다. 그중 두 가지 주요 이론, 즉 영국의 번역학자 존 캣퍼드의 변환 이론과 캐나다의 언어학자 장폴 비나이 Jean-Paul Vinay 및 프랑스의 언어학자 장 다르벨네 Jean Darbelnet 의 번역 방법 모델이 통번역학의 발전을 이끌었다.

캣퍼드의 변환 이론

캣퍼드는 변환 이론을 통해 텍스트의 형태와 의미 변환을 탐구하여 텍스트 간 구조적·언어적 차이를 극복하는 방법을 제시하였다(1965). 캣퍼드는 외국어 교육에서의 변환 개념을 번역학에 도입하여, 번역 과정에서 발생하는 다양한 형태·구조·의미의 변형을 체계적으로 분석하고자 하였다. 그에 따르면,  변환은 '출발 텍스트에서 도착 텍스트로의 번역 과정에서 발생하는 형태적·구조적 대응으로부터의 이탈'로 정의된다. 그는 출발 텍스트의 언어 형태를 그대로 유지하려는 경우 번역이 불가능해질 수 있으므로, 경우에 따라

AI 시대 통번역의 포스트에디팅 전략

형태적 대응을 포기하고 출발 텍스트와 도착 텍스트 간 등가를 구현하여야 한다는 점을 강조한다.

캣퍼드는 변환을 언어학적 관점으로 바라보고 이를 다시 층위 변환Level Shift과 범주 변환Category Shift의 두 가지로 구분하였다. 먼저 층위 변환은 출발 언어의 문법 층위가 도착 언어의 어휘 층위로 변환되거나, 어휘 층위가 문법 층위로 변환되는 경우를 말한다. 그리고 범주 변환은 어휘의 품사가 변경되는 품사 변환Class Shift, 문법적 구조가 변경되는 구조 변환Structure Shift, 단어·구·문장 등 문법적 단위가 변경되는 단위 변환Unit Shift, 두 언어의 체계가 동일한 형식을 갖고 있음에도 대응을 벗어난 어휘를 선택하는 언어 체계 내적 변환Intra-system Shift으로 세분화된다. 캣퍼드의 변환 이론은 통번역 과정에서 출발 언어와 도착 언어의 구조적 차이를 극복하고 두 언어 간 등가성을 실현하는 방법을 제공하여, 통번역학에서의 변환 연구에 중요한 이론적 기반을 제시하였다.

〈표 8-1〉 캣퍼드의 변환 이론

변환의 종류		정의
층위 변환		• 출발 언어의 문법 층위가 어휘 층위로 변환되거나 어휘 층위가 문법 층위로 변환되는 경우
범주 변환	품사 변환	• 어휘의 품사가 변경되는 경우
	구조 변환	• 문법적 구조가 변경되는 경우
	단위 변환	• 단어·구·문장 등 문법적 단위가 변경되는 경우
	언어 체계 내적 변환	• 두 언어가 동일한 형식을 갖고 있음에도 대응을 벗어난 어휘를 선택하는 경우

비나이와 다르벨네의 번역 방법 모델

비나이와 다르벨네는 1995년 《Comparative Stylistics of French and English》에서 번역 방법 모델을 제시하고, 그 방법이 번역 과정에서 언제, 어떻게 적용될 수 있는지를 명확히 하여 통번역사에게 실제적인 지침을 제공하고 있다.

그들은 번역을 직접 번역Direct Translation과 간접 번역Oblique Translation 이라는 두 가지 범주로 나누어 설명하고 있다.

직접 번역은 번역 시 출발 언어의 구조와 의미를 그대로 유지하는 방법으로, 출발 언어와 도착 언어 간 구조적 유사성이 있을 때 사용된다. 직접 번역의 하위 방법으로는 다음의 세 가지가 제시되고 있다.

- **차용**Borrowing　출발 언어의 단어나 표현을 번역하지 않고 그대로 사용하는 방법이다. 영어 단어인 'handbag'을 한국어로 옮길 때 '핸드백'이라고 그대로 사용하는 것을 예로 들 수 있다.
- **모사**Calque　출발 언어의 구조를 그대로 따라 번역하되 도착 언어 규칙에 맞게 조정하는 방식이다. 예를 들어 'political correctness'라는 영어 표현을 한국어로 '정치적 올바름'이라고 번역할 수 있다.
- **직역**Literal Translation　출발 언어의 단어와 문장 구조를 가능한 한 그대로 유지하며 번역하는 방식이다. 예를 들어 'Time is money.'라는 영어 문장의 구조를 그대로 유지하여 한국어로 '시간은 금이다.'라고 번역할 수 있다.

간접 번역은 출발 언어와 도착 언어의 구조적 차이가 크거나 출발 언어의 표현을 그대로 번역했을 때 의미가 왜곡될 가능성이 있을 경우 사용된다. 간접 번역의 하위 방법으로는 다음의 네 가지가 제시되고 있다.

- **치환**Transposition   출발 언어의 문법적 구조를 도착 언어의 문법 규칙에 맞게 변환하는 방법이다. 예를 들어 'with great care'라는 영어 명사 구문을 한국어로 번역할 때 '아주 조심스럽게'라는 부사구로 변환할 수 있다.
- **변조**Modulation   출발 언어의 관점을 바꾸거나 의미를 재구성하는 방법이다. 예를 들어 'Time flies.'라는 영어 문장을 한국어로 옮길 때 '시간이 날아간다.'가 아닌, '시간이 쏜살같이 지나간다.'로 번역하는 방법이다.
- **등가**Equivalence   도착 언어와 문화에서 동일한 효과를 내는 관용적 표현이나 문화적 등가물을 사용하는 방법이다. 예를 들어 'When in Rome, do as the Romans do.'라는 영어의 관용적 표현을 한국어로 옮길 때 '로마에 가면 로마법을 따르라.'라는 관용구로 대체하는 것이다.
- **번안**Adaptation   출발 언어의 표현을 도착 언어의 문화적 맥락에 맞게 조정하는 방식이다. 영화 〈Frozen〉을 한국어로 번안하여 〈겨울 왕국〉이라고 한 것이 그 예이다.

〈표 8-2〉 비나이와 다르벨네의 번역 방법 모델

번역 분류		특징
직접 번역	차용	• 출발 언어의 단어나 표현을 번역하지 않고 그대로 사용
	모사	• 출발 언어의 구조 그대로 번역하되, 도착 언어 규칙에 맞게 조정
	직역	• 출발 언어의 단어와 문장 구조를 가능한 한 유지하면서 번역
간접 번역	치환	• 출발 언어의 문법적 구조를 도착 언어의 문법에 맞게 변환
	변조	• 출발 언어의 관점을 바꾸거나 의미를 재구성
	등가	• 도착 언어와 문화에서 동일한 효과를 내는 표현 사용
	번안	• 출발 언어의 표현을 도착 언어의 문화적 맥락에 맞게 조정

캣퍼드의 변환 이론이 번역 과정에서 발생하는 다양한 형태 구조 변형을 이해하고 조절하는 데 도움을 주어 번역의 정확성과 자연스러움을 높이는 데 기여한다면, 비나이와 다르벨네의 모델은 통번역사가 두 언어의 구조적 차이를 이해하고 극복할 수 있는 구체적인 방법론을 제공해 준다. 통번역사는 이들 이론을 습득하여 출발 언어의 의미와 구조를 더 깊이 이해할 수 있으며, 출발 언어와 도착 언어 간의 차이를 극복하고, 출발 언어의 의미와 의도를 최대한 정확하게 전달할 수 있다.

AI 시대 통번역의 포스트에디팅 전략

02
통번역에서의 변환

문화 간 의사소통이라는 맥락에서 의미를 재구성하는 통번역 과정에서는 두 언어 공동체의 언어적·문화적·관습적 차이에 의한 비대칭성 또는 불균형을 조정하는 노력이 필요하다. 변환은 그러한 노력의 일환에서 발생하는 현상이라고 볼 수 있다. 통번역에서의 변환은 언어적 변화뿐만 아니라 문화적 변화까지 포괄하는 개념으로, 두 언어의 구조적 차이뿐만 아니라 언어를 사용하는 규범의 차이에 의해서도 발생한다.

변환의 필요성과 그 단계

통번역은 단순히 한 언어에서 다른 언어로 단어와 문장을 치환하는 것이 아니다. 통번역은 기호학적 체계의 전환에서 시작하여 의미·상황적 맥락·장르적 특징을 전달하는 과정이므로, 이를 수행하기 위해서는 통번역사의 언어 능력뿐만 아니라 언어를 사용하는 방법도 중요하게 작용한다.

통번역사는 새로운 문화적 맥락에서의 의미 재구성이라는 중요한 역할을 수행하기 위해 통번역 과정에서 발생하는 변환을 제대로 이해하여야 한다. 통번역의 품질을 결정짓는 전략 수립에 있어 변환은 필수적인 요소로 작용하기 때문이다. 변환은 언어와 문화의 상호작용 과정에서 발생하는 현상이므로, 이를 제대로 이해하기 위해서

<표 8-3> 변환의 발생 과정

기호학적 전환	출발 언어의 기호학적 요소를 도착 언어로 전환하는 과정으로, 언어적 요소뿐만 아니라 문화적 기호도 포함된다. 이 과정에서는 두 언어의 형태적·구조적 차이로 인한 변환이 발생할 수 있다.

의미의 재구성	출발 언어의 의미를 도착 언어의 문화적 맥락에 맞게 재구성하는 단계이다. 이 과정에서 통번역사는 출발 언어의 의미를 정확히 이해하고, 이를 도착 언어 사용자가 이해할 수 있도록 재구성하여야 한다. 이 과정에서 도착 언어 사용자에게 다가가기 위한 의미적인 변환이 발생할 수 있다.

문화적 조정	두 언어 공동체의 문화적 관습·사회적 규범 등 문화적 차이를 고려하여 도착 언어를 조정하는 과정이다. 이러한 조정 과정에서 문화적 불일치를 조정하기 위한 변환이 발생하기도 한다.

는 언어와 문화를 정적인 상태로 비교하기보다 문화의 역동적 변화까지 포괄하여 바라볼 필요가 있다. 통번역사는 언어와 문화에 대한 다각적인 이해를 통해 <표 8-3>과 같은 변환의 발생 단계와 그에 따른 차이를 정확히 인식하여야 한다.

학문적 관점의 통합

통번역 과정에서 변환의 발생을 이해하고 이를 적용하기 위해서는 언어학·*기호학·문화학 등 다양한 학문적 관점을 통합할 수 있어야 한다. 통합적 관점을 가진 통번역사는 더 깊이 있는 문화적 이해를 바탕으로 통번역 과정을 파악함으로써 전환과 변환 행위를 온전히 수행할 수 있게 된다. 나아가 출발 언어와 도착 언어 간 문화

●기호학
기호의 체계와 기능·의미·체계·공유 과정 등을 연구하는 학문으로, 의미를 전달하는 모든 것을 기호로 정의한다. 그 연구 대상에는 언어적 체계뿐만 아니라 비언어적 체계까지 포함된다.

AI 시대 통번역의 포스트에디팅 전략

〈표 8-4〉 전환과 변환의 정의

전환(Transfer)	언어 간 의미·표현의 이동이 이루어지는 과정으로, 통번역 행위의 근본적인 단계에 해당한다. 일반적으로 전환은 주로 언어적 등가를 유지하며, 출발 언어에서 도착 언어로 의미를 충실히 전달하는 것을 목표로 한다.
변환(Shift)	출발 언어와 도착 언어 간 언어적 차이에서 발생하는 변화를 가리키며, 문법적 구조·어휘 선택·문장 구성 등의 변화를 포함한다. 변환은 언어적 특성에 기반한 필수적인 것과 통번역사의 의도에 기인한 선택적인 변환으로 나뉘며, 필수적인 변환은 두 언어의 문법적 구조나 표현 방식이 근본적으로 다른 경우에 많이 발생한다.

적·언어적 차이를 극복하고, 정확하고 의미 있는 통번역을 제공할 수 있게 된다.

　통번역에서의 변환은 언어적 영역뿐만 아니라 문화적인 재구성을 통해 의미를 재해석하는 과정에서도 발생한다. 통번역사는 여러 학문의 이해를 통한 통합적 관점으로 변환의 발생 과정과 원인을 파악하고 올바른 전략을 수립할 수 있어야 하며, 문화적 변환의 발생에 대해서도 민감하게 반응할 수 있어야 한다.

03

통번역에서 변환과 불변소

출발 언어가 도착 언어로 전환되는 과정에서 결속 구조·정보 구성·의미 수용 등의 차이를 조절하기 위한 변환이 수행된다. 이 과정에서 중요하게 기능하는 것이 '불변소Invariant'라는 개념이다. 이는 통번역 과정을 거친 후에도 일관되게 유지되는 핵심적 내용 혹은 개념을 일컫는다. 미국의 문화 비평가 조지 스타이너George Steiner는 불변소에 대해 "통번역 작업에서 가장 먼저 고려되고 충족되어야 할 필요조건이자 출발점이지만, 분석적·기술적 과정을 통해 발견적인 구조로만 설명될 수 있다."고 말하였다(1975).

통번역 과정에서 '변화하지 않는 요소'인 불변소를 파악하기 위해서는 먼저 출발 언어와 도착 언어에 대한 분석이 필요하다. 출발 언어 속 불변소는 '통번역의 대상'이 되며, 도착 언어 속 불변소는 '전환의 과정을 거치고도 그대로 유지되는 요소'이다. 이러한 불변소에 대한 이해가 선행되어야 전환 과정에서 발생한 차이, 즉 변환을 설명하고 이해할 수 있다.

변환은 출발 언어와 도착 언어의 관계를 검증하는 과정에서 발생하는 현상으로, 출발 언어를 전환하고 재구성하는 과정을 통해 확정된다. 통번역 연구에 있어 이러한 변환의 분류와 정의는 대단히 중요하다. 실제로 변환은 통번역 과정에서 통번역사의 주관적인 고민과 선택이 반영되는 요소와 깊이 관련되어 있다. 통번역사는 출발 언어와 도착 언어의 체계 사이에 존재하는 잠재적 관계와 차이를 기반으로 변환의 발생을 수용하게 된다.

슬로바키아의 번역학자 안톤 포포비치 Anton Popovič는 변환을 결과 중심적 시선으로 바라보고, '출발 텍스트와 비교하여 도착 텍스트에서 새롭게 나타나거나 예상되는 곳에 나타나지 않는 모든 현상'으로 정의하였다(1970). 포포비치는 변환을 다음 세 가지 유형으로 세분화한다.

- **+ 변환**   도착 테스트에 새롭게 나타나는 것
- **− 변환**   출발 텍스트에 의해 기대되었으나 도착 텍스트에 나타나지 않는 것
- **0 변환**   출발 텍스트와 도착 텍스트 사이에서 변화 없이 유지되는 것

포포비치는 통번역 과정에서 나타나는 변환에 언어적 요인뿐만 아니라 문화적 요인도 크게 기여한다는 사실을 밝혀냈다. 그는 통번역사들이 각자 다른 문화적 환경에서 성장함에 따라 문화 지식의 차이가 발생하고, 이로 인해 통번역이 다양성을 가지게 된다고 설명하였다. 그의 연구는 통번역사의 스타일, 습관 및 문화적·정치적 견해가 통번역에 미치는 영향이 크다는 것을 증명하여 통번역사 연구의 필요성을 알리는 계기가 되었다.

주로 문학 번역에 초점을 맞추어 연구한 포포비치는 '표현의 변

환'이라는 개념을 도입하여 텍스트의 장르적·문체적 특징과 관련된 변화를 분석하고자 하였다. 그는 출발 텍스트와 도착 텍스트의 언어적 시스템 차이는 비교가 불가능하나, 문체를 기반으로 한 표현 시스템은 비교될 수 있다고 주장하였다. 그리고 이러한 표현 시스템의 비교 가능성이 언어적 가치와 문체의 범주 내에서 표현의 변환을 발생시키는 선행 조건이라고 설명하였다.

이 외에도 포포비치는 '구성적 변환'과 '개별적 변환'이라는 두 가지 변환 유형을 제시하여 번역 과정에서의 변환을 설명하였다. 구성적 변환은 도착 텍스트를 구성하는 중요한 요소로, 번역 과정에서 언어적·작가적·문체적 차이로 인해 필연적으로 발생하는 텍스트의 구조적 요소의 변환을 의미한다. 포포비치는 구성적 변환을 '번역 과정에서 발생하는 변환'이라고 정의하였는데, 주로 시적 표현이나 문체적 특징의 변환 등에서 발견되며 출발 텍스트의 구조적 특징을 도착 텍스트에서 재현하는 번역사의 방식에 큰 영향을 받는다.

개별적 변환은 번역사의 문체적 성향·개인적 스타일·주관적 해석·문화적 배경 등이 도착 텍스트에 반영되어 나타나는 변화로, 번역사의 창의성과 주관적 선택이 중요하게 작용한다. 이 변환은 변역사의 개인적 경험과 문화적 이해가 번역 과정에 미치는 영향을 설명해 준다.

〈표 8-5〉로 요약된 포포비치의 변환 이론은 통번역 과정에서 발생하는 언어적·문화적 변화를 체계적으로 분석하고 설명한다. 이는 통번역사의 문화적 배경과 문체적 선택이 통번역 과정에서 어떻

AI 시대 통번역의 포스트에디팅 전략

<표 8-5> 포포비치의 변환 이론

종류	특징
표현의 변환	• 텍스트의 장르적·문체적 특징에 관련하여 나타나는 변화
구성적 변환	• 언어·작가·문체의 차이로 인해 불가피하게 나타나는 구조적 요소의 변화
개별적 변환	• 개별 번역사의 문체적 성향과 주관적 특성으로 인해 나타나는 변화

게 작용하는지 설명하여 통번역 연구에서 중요한 학문적 도구가 되었다. 통번역사는 통번역 과정에서 변환되는 요소들의 특징과 변화 형식을 설명하는 포포비치의 이론을 이해함으로써 출발 언어의 의미를 최대한 충실하게 전달하면서 문화적 맥락에 맞게 도착 언어를 조정할 수 있다.

주요 개념

통번역과 변환

• 캣퍼드의 변환 이론　변환을 '출발 텍스트에서 도착 텍스트로의 번역 과정에서 발생하는 형태적·구조적 대응으로부터의 이탈'로 정의하였다.

• 비나이와 다르벨네의 번역 방법 모델　두 언어 간 구조적 유사성과 의미 왜곡 가능성을 고려하여 직접 번역과 간접 번역이라는 두 가지 번역 전략을 제시하였다.

• 포포비치의 변환 이론　변환을 출발 텍스트와 비교하여 도착 텍스트에서 새롭게 나타나거나 예상되는 곳에 나타나지 않는 모든 현상으로 정의하고, 표현의 변환·구성적 변환·개별적 변환이라는 세 가지 변환 유형을 제시하였다.

핵심 요약

1. 변환은 통번역 과정에서 발생할 수 있는 언어적·문화적 변화까지 포함하므로, 의미를 재구성하는 문화 간 의사소통의 맥락에서 이해되어야 한다.

2. 포포비치는 통번역사의 스타일, 습관, 문화적·정치적 견해가 통번역에 큰 영향을 끼친다는 사실을 증명하였다.

전략 구상

1. 통번역에서 변환의 개념을 정리하고 포스트에디팅 과정에서 변환의 적용 범위를 탐색하여 보자.

9

문화소와
통번역
연구

 POINT!

- 통번역 과정에서 문화소에 대한 개념을 이해하고 이를 포스트에디팅에 활용할 수 있다.
- 문화소 통번역에 대한 다양한 연구를 바탕으로 문화소 통번역 전략을 모색할 수 있다.

앞서 살핀 대로 문화는 매우 광범위한 개념으로, 인간이 창조하고 발전시킨 모든 것을 포함한다. 이 개념은 기구·건물·도로·교통수단 등 물질적인 요소뿐만 아니라 지식·신앙·가치관·예술·규범과 같은 비물질적인 요소도 포괄하며, 사회 제도·집단·조직·공동체 등도 문화의 중요한 부분으로 간주된다. 문화소는 이러한 문화를 구성하는 기본 단위로, 이 개념을 처음 통번역학에 도입한 사람은 독일의 번역학자 도리스 한센Doris Hansen이다. 그녀는 언어학의 •음운론에서 최소 단위로써 •음소를 제시하는 것과 유사한 개념으로 통번역의 기본 단위로 문화소를 제시하고, 이를 문화적 차이를 드러내는 실체적인 요소라고 설명하였다(1996).

문화적 차이는 각기 다른 문화 간의 사유 구조·가치관·인지 방식·행동 양식의 차이에서 비롯되는데, 문화소는 이러한 문화적 차이를 명확히 드러내는 중요한 표지로 작용한다. 그러므로 특정 문화소에 대한 배경지식을 다양한 문화권의 사람들이 공유하게 되면 문

• 음운론
언어의 소리 체계와 그 작용을 연구하는 언어학의 한 분야이다.

• 음소
음운론에서 단어의 뜻을 구별해 주는 최소의 소리 단위를 말한다.

문화소의 문화적 의미를 도착 언어로 충실히 전달하기 위해 통번역사는
문화소의 여러 측면을 분석하여 그 배경과 함의를 깊이 이해하여야 한다.

화적 차이가 줄어들고 의사소통이 원활해질 수 있다.

통번역사는 각 문화소가 내포하는 문화적 의미를 도착 언어 사용자에게 전달하기 때문에 문화소를 이해하고 적용함에 있어 핵심적인 역할을 수행하게 된다. 통번역사는 이를 충실히 수행하기 위해 문화소의 문화적 배경과 함의를 깊이 이해하고, 문화소의 여러 측면을 종합적으로 분석하여 효과적인 통번역 전략을 수립하여야 한다.

01
문화소에 대한 다양한 접근 방법

문화소라는 개념이 도입된 이래, 문화소에 대한 관심은 언어학과 통번역학을 넘어 외국어 교육과 통번역 교육에서도 지속적으로 확대·연구되어 왔다. 통번역사는 문화소에 대한 여러 연구자의 접근 방법을 이해하여 문화적 맥락에서 언어를 해석하는 다양한 방식을 발견하고 적절한 통번역 전략과 방법으로 구현할 수 있어야 한다.

세계의 문화소 연구

미국의 언어학자 나이다는 등가 이론의 대표적인 학자이다. 그는 언어학적 관점에서 언어의 의미를 도출하고 텍스트의 맥락을 이해하기 위한 방법으로 문화에 접근하였다(1964). 나이다는 특정한 문화 범위에 속하면서 해당 언어의 문화적 유형을 반영해 주는 어휘를 '문화 어휘'라고 정의하고, 출발 언어와 도착 언어 간 비등가성을 보여 주는 문화소를 '생태학적 문화·물질문화·사회 문화·종교 문화·언어문화'의 다섯 가지 범주로 구분하여 설명하였다.

영국의 번역학자 피터 뉴마크^{Peter Newmark}는 각 언어권마다 존재하는 문화적으로 고유하고 특별한 어휘 목록을 '문화 어휘'라는 용어로 제시하였다(1988). 그는 문화 어휘를 통번역에서의 과제라고 설명하면서 '생태학적 범주 어휘·물질문화(인공물)·사회 문화·개념(정치·종교·예술 활동) 문화·몸짓과 태도'의 다섯 가지 범주로 나누었다. 영국의 번역학자 베이커는 문화소를 '출발 언어와 단어가 도착 문화에 없거나 알려지지 않은 개념을 표현하는 것'이라 정의하며, 문화소는 구체적인 것과 추상적인 것을 포괄한다고 강조하였다(1992). 이를 통하여 그녀는 통번역사가 출발 언어와 도착 언어 간 문화적 간극을 인식하고 해결하여야 함을 시사하였다. 영국의 번역학자 말콤 하비^{Malcolm Harvey}는 문화소를 '출발 문화에서 사용되는 특정 개념·제도·인물 등을 지칭하는 용어'로 정의하며 이러한 용어들은 출발 문화에서만 이해될 수 있으므로 통번역사가 도착 언어로 적절히 해석하고 전달하여야 한다고 강조하였다(2000).

독일의 번역학자 페어메어는 통번역의 최종 목표가 출발 언어의 충실한 재현이 아닌 도착 문화에 적합한 방식으로의 의미 전달에 있다고 간주하는 스코포스 이론의 창시자이다. 그는 언어를 문화의 일부로 간주하고 문화 요소의 통번역 시에도 도착 문화에서의 수용 가능성에 중점을 두었다(1990). 독일의 번역학자 라데군디스 슈톨체Radegundis Stolze는 문화소를 '출발 문화에서 일반적이지만 도착 문화에서는 낯설 수 있는 요소'로 정의하였다(1992). 그는 출발 언어와 도착 언어의 문화적 차이가 통번역 과정에서 도전 과제가 될 수 있음을 강조하고, 통번역사는 출발 문화와 도착 문화 간 차이를 고려하여야 한다고 주장하였다. 독일의 번역학자 노드는 문화소를 '특정 문화권에서 사회적 현상을 나타내는 개념'으로 해석하였다.

스페인의 번역학자 하비에르 프랑코 아이세라Javier Franco Aixelá는 문화소를 '문화적 특수 항목'으로 보고 이를 '고유 명사'와 '일반 명사'로 구분하였다(1986). 그에 따르면 고유 명사는 특정한 문화적 정체성을 지니고 있어 도착 문화에서 적절한 대응을 찾는 것이 중요한 반면, 일반 명사는 그 의미가 좀 더 넓게 이해될 수 있는 표현이다. 더불어 그는 문화소의 성격에 따라 통번역 전략을 달리하여야 한다는 관점을 제시하였다.

<표 9-1> 서구권의 다양한 문화소 연구

국가	대표 학자	내용
미국	나이다	• 특정한 문화 범위에 속하면서 해당 언어의 문화적 유형을 반영해 주는 어휘를 '문화 어휘'라고 정의 • 생태학적 문화·물질문화·사회 문화·종교 문화·언어문화의 다섯 가지 범주로 구분
영국	뉴마크	• 각 언어권마다 존재하는 문화적으로 고유하고 특별한 어휘 목록을 '문화 어휘'라고 소개 • 생태학적 범주 어휘·물질문화(인공물)·사회 문화·개념(정치·종교·예술 활동) 문화·몸짓과 태도의 다섯 가지 범주로 구분
영국	베이커	• 문화소를 출발 언어의 단어가 도착 문화에 없거나 알려지지 않은 개념을 표현하는 것으로 정의
영국	하비	• 문화소를 출발 문화에서 사용되는 특정 개념·제도·인물 등을 지칭하는 용어로 정의
독일	슈톨체	• 문화소를 출발 문화에서 일반적이지만 도착 문화에서는 낯설 수 있는 요소로 정의
독일	노드	• 문화소를 특정 문화권에서 사회적 현상을 나타내는 개념으로 해석
스페인	아이세라	• 문화소를 문화적 특수 항목으로 정의하고 고유 명사와 일반 명사로 구분

문화소와 관련한 연구는 중국에서도 활발히 이루어졌다. 번역학자 왕둥펑王东风은 특정 문화적 요소가 다른 문화권에서는 결여되거나 이해되지 않는 현상을 '문화 결여'라는 개념을 도입하여 설명하였다(1997). 또 번역학자 바오후이난包惠南은 '문화 부재어'라는 용어를 사용하여 출발 언어에 존재하는 문화적 개념이 도착 언어에 부재할 때 발생하는 문제를 지적하였다(2004).

일본에서도 비슷한 논의가 진행되었으나 그 구체적인 예시는 제한적으로 제공되고 있다. 일본의 연구자들은 문화소를 출발 문화의 특수한 개념이나 현상으로 보며, 이를 도착 문화에 어떻게 자연스럽게 전달할 수 있을지에 대해 많은 논의를 진행하고 있다. 일본에서는 특히 문화적 요소가 반영된 사회적 제도나 관습을 통번역할 때 발생하는 문제에 대한 연구가 중요하게 다뤄진다. 일본에서의 이러한 연구는 문화 간 차이를 극복하고 통번역 과정에서 문화소가 어떻게 적용되는지에 대한 논의를 심화시켰다.

한국의 통번역 연구에서도 문화소 개념을 수용하고 통번역 연구에 반영한 사례들이 적지 않다. 이근희는 문화소를 '문화와 밀접한 상관어'로 정의하면서 문화적 맥락 내의 단어 사용을 강조하였다 (2003). 이후 문화소의 정의를 발전시켜 '문화 관련 어휘'라는 개념을 사용하여 '출발 언어를 사용하는 언어 공동체의 문화적 특성을 드러내는 어휘'라고 정의하였다(2008). 심재기는 '토속적인 표현'을 문화소로 개념화하여 해당 표현이 가진 문화적 함의를 통번역 과정에서 적절히 다루고 전달하는 방법론에 대해서 깊이 탐구하고자 하였다(2004). 남성우는 문화소를 '문화적 단위로 작용하는 언어 표현'이라 정의하고 통번역 과정에서 통번역사가 이를 효과적으로 다루는 것에 대한 중요성을 강조하였다(2006). 이 외에도 김혜림 등은 '문화 용어'라는 개념을 사용하여 문화소를 설명하고, 문화소를 통번역하기 위해 문화적 배경을 고려한 통번역 전략과 방법이 필요함을 강조하였다(2014).

<표 9-2> 아시아권의 다양한 문화소 연구

국가	대표 학자	내용
중국	왕둥펑	• 특정 문화적 요소가 다른 문화권에서는 결여되거나 이해되지 않는 현상을 '문화 결여'라는 개념으로 설명
	바오후이난	• '문화 부재어'라는 개념을 도입하여 출발 언어에 존재하는 문화적 개념이 도착 언어에서 부재할 때 발생하는 문제를 지적
일본		• 문화소를 출발 문화의 특수한 개념이나 현상으로 정의 • 문화소를 도착 문화에 자연스럽게 전달할 방법에 대해 논의
한국	이근희	• 문화소를 '문화와 밀접한 상관어'로 정의 • 문화소를 '출발 언어를 사용하는 언어 공동체의 문화적 특성을 드러내는 어휘'라고 재정의
	심재기	• '토속적인 표현'을 문화소로 개념화
	남성우	• 문화소를 '문화적 단위로 작용하는 언어 표현'이라 정의
	김혜림 외	• '문화 용어'라는 개념을 사용하여 설명, 문화적 배경을 고려한 통번역 전략을 강조

통번역에서 문화소의 이해

문화소에 대한 다양한 연구를 통해 학자들은 문화소가 언어와 문화의 차이에서 발생하는 특수한 요소이며, 이를 통번역하는 과정에서 문화적 맥락 고려가 필요함을 강조하고 있다. 이들은 문화소 통번역 시 단순한 사전적 의미 전달을 넘어서는 작업이 이루어져야 하며, 통번역사는 문화적 간극을 메우는 역할을 하여야 한다는 공통된 견해를 보여 준다. 이렇듯 문화와 문화소에 대한 접근은 통번역이 문화적 차이를 고려하여 의미를 소통하는 과정임을 설명하고, 통번역사가 문화적 감수성과 문화적 인식 및 문화를 대하는 바른 태도를 익혀야 함을 강조한다.

02
문화소 이해를 통한 통번역 전략

어떤 문화소는 특정 사회에서 오랜 시간에 걸쳐 형성된 역사적·사회적 맥락에 깊이 뿌리내리고 있다. 이를 통번역할 때 단순히 해당 문화소의 표면적 의미만을 옮기는 것은 그 본질적인 의미를 왜곡하거나 도착 언어 사용자의 올바른 이해를 방해할 수 있다. 이와 같은 문화소 통번역의 난제는 통번역사가 문화 간 미묘한 차이를 이해하고 적절한 통번역 전략을 개발하여야 하는 이유를 보여 준다.

음식 문화소와 통번역

특정 문화의 정체성과 생활 방식을 나타내는 문화소 중 대표적인 것이 음식이다. 음식은 영양소 섭취의 수단을 넘어서서 문화적 특수성과 역사적 배경을 담고 있는 요소이므로 통번역사는 음식 문화소를 통번역할 때 그 음식이 가진 문화적 의미와 배경을 도착 언어로 적절히 전달하여야 한다.

예를 들어 한국의 '김치'를 통번역 때 일본의 '●아사즈케'나 중국의 '●파오차이'와 같은 채소 절임 음식으로 소개하기에는 아쉬운 점이 있다. 왜냐하면 김치는 각종 채소와 젓갈, 쌀가루 등을 버무린 김칫소를 배춧잎 사이사이에 넣어 만든 후 오래 자연 발효시켜 먹는 저장 음식이며, 이를 만드는 과정이 김장이라는 한국 고유의 공동체 문화로 발전하였기 때문이다. 그러므로 김치는 전통문화인 동시에

●아사즈케
무·오이·가지 등 채소를 조미액에 단시간 절여 만드는 일본의 절임 음식이다.

●파오차이
채소를 소금에 절여 만드는 중국의 절임음식이다.

AI 시대 통번역의 포스트에디팅 전략

공동체의 소통을 이끌어 내는 음식으로 전달되어야 한다. 김치는 한국의 지역 사회마다 부수 재료도 다른 저장 음식이어서 이를 통해 다양한 한국인의 생활 방식과 정서를 이해할 수 있다.

생로병사와 관련된 다양한 행사 때 축하나 애도의 의미를 담아 마련하는 한국의 '떡'이나 새해를 맞이하는 기대와 소망을 담고 있는 일본의 명절 음식 '●오세치 요리' 또한 각각의 문화적 특성을 염두에 두고 전달되어야 하는 음식 문화소이다.

초승달을 닮은 프랑스의 대표 빵인 '크루아상'을 통번역할 때도 앞의 예와 마찬가지로 음식 문화소로서 접근하여야 한다. 크루아상은 1683년 합스부르크제국(지금의 오스트리아)의 군대가 오스만제국의 침략군을 격퇴한 것을 기념하여 만들어진 빵으로, 합스부르크 왕가의 마리 앙투아네트 공주와 프랑스의 루이 16세의 결혼으로 프랑스에 전달되었다. 프랑스에 전해진 크루아상은 프랑스 제빵사들에 의해 처음의 단단했던 질감에서 버터를 풍부하게 이용하여 반죽을 여러 번 접고 펴서 만드는 페이스트리 형태로 발전되어 현재에 이르는 만큼, 크루아상은 프랑스의 풍요로운 제빵 전통을 반영하는 음식 문화소로 전달되어야 한다.

스페인의 대표 음식인 '파에야'는 팬에 쌀과 채소, 고기 또는 해산물 등을 넣어 조리한 볶음밥이다. 이 요리는 스페인 동남부의 발렌시아에서 대량으로 생산되는 쌀을 이용한 서민들의 주식이라는 점에서 스페인 농업 역사와 사회적 구조를 반영하는 음식 문화소로 볼 수 있다. 따라서 이를 통번역할 때는 이 요리의 경제적·사회적

● 오세치 요리
우엉·토란·연근 등의 재료를 졸여 만든 다양한 요리를 찬합에 담아 내놓는 명절 음식으로, 주로 설을 맞이하여 준비한다.

●와비사비
자연 속에서의 고요함
과 불완전함의 미학을
나타내는 일본어이다.

맥락에 대한 이해가 선행되어야 한다.

음식은 각 문화의 고유한 특성을 반영하고 있는 대표적 문화소이므로, 통번역사는 음식이 가진 상징적 의미·역사적 배경 및 그 음식이 반영하는 그 나라 사람들의 생활 양식·관습·사회적 규범 등 문화적 맥락을 이해하여 통번역에 녹여 내야 한다.

문화소 이해와 통번역의 도전

앞서 예를 든 음식과 마찬가지로, 일본의 '●와비사비侘び寂び'나 한국의 '정情'과 같은 개념은 다른 문화권에서 쉽게 찾아볼 수 없는 독특한 정서를 표현한다. 이처럼 특정 문화권에만 존재하여 도착 언어에서 대응하는 개념이나 단어를 찾기 어려운 개념은 통번역 시 적절한 전략이 필요하다.

대응이 어려운 개념을 통번역할 때 통번역사는 자신의 문화적 관점에 따라 다양한 접근을 시도한다. 예를 들어 출발 언어가 모국어인 통번역사는 출발 문화를 유지하려는 경향이 강하며, 이를 도착 언어로 옮길 때 출발 언어에 가까운 방식으로 통번역하거나 장황한 설명을 덧붙이기도 한다. 반면 도착 언어가 모국어인 통번역사는 도착 문화에 맞게 출발 문화를 해석하려는 경향이 있다. 그러나 이러한 접근이 항상 성공적이지는 않으며, 문화적 맥락을 제대로 반영하지 못할 경우 통번역의 질이 저하될 수도 있음을 명심하여야 한다.

다음 예문을 통해 이를 확인하여 보자.

ST Every afternoon, I enjoy a cup of tea with scones and clotted cream at 4 o'clock. It's a tradition in our family.

TT 매일 오후 4시에 저는 떡과 김치와 함께 차 한잔을 마십니다. 우리 가족의 전통입니다.

● 스콘
스코틀랜드에서 유래한 소형 빵 종류를 말한다.
● 클로티드 크림
영국의 남서부 지방에서 유래한 크림이다.

이 예문에서 통번역사는 영국의 전통적인 차 문화에서 등장하는 '스콘'과 '클로티드 크림'을 한국의 전통 음식인 '떡'과 '김치'로 대체하려 하였다. 하지만 이러한 대체는 문화적 맥락에 부합하지 않을 뿐 아니라, 한국에서 떡과 김치는 차와 함께 먹는 음식이 아니므로 어색하다. 이와 같은 단순한 문화소 대체는 출발 문화를 오해하게 만들거나 출발 언어가 지닌 의미를 제대로 전달하지 못할 수 있으므로 유의하여야 한다.

문화소는 그 자체가 특정 문화의 정체성을 반영하는 중요한 요소이다. 따라서 대응이 어려운 문화소를 통번역할 때는 이질적인 문화적 요소를 유지하거나 도착 문화에 익숙한 개념으로 설명하는 설명 번역 전략을 사용하여 출발 언어의 문화적 함의를 도착 언어 사용자에게 효과적으로 전달하여야 한다. 예를 들어 앞의 예문에서 '스콘'과 '클로티드 크림'은 영국의 전통적인 다과를 의미하므로 이를 한국어로 통번역할 때도 어휘를 그대로 유지하거나, '영국의 전통 다과'라는 설명을 덧붙여 출발 언어의 문맥을 유지할 수 있다. 이러한 통번역 방식은 출발 문화에 대한 도착 언어 사용자의 이해를 높이는 동시에 통번역의 자연스러움을 유지하는 데에도 효과적이다.

통번역사는 문화소의 맥락을 깊이 이해하고 이를 반영한 창의적인 통번역 전략 개발을 위해 다음과 같은 사항에 유의하여야 한다.

첫째, 통번역사는 해당 문화소의 문화적 배경과 역사적 맥락을 철저히 조사하고 이해하여야 한다. 이를 통해 통번역사는 단순한 언어적 대응을 넘어서서, 문화소가 담고 있는 깊이 있는 의미를 도착 언어 사용자에게 효과적으로 전달할 수 있다.

둘째, 통번역사는 문화소가 가진 본래의 의미를 손상시키지 않으면서도, 도착 언어 사용자에게 그 의미를 명확하게 전달할 수 있는 다양한 통번역 전략을 활용할 수 있어야 한다. 문화소를 통번역할 때 각주나 주석을 통해 해당 문화소의 의미를 설명하거나 부가적인 텍스트를 추가하여 그 의미를 설명할 수도 있고, 문화소를 통번역하지 않고 출발 언어 그대로 사용하면서 해당 단어가 담고 있는 의미를 설명하는 방식을 선택할 수도 있다. 이러한 전략들은 문화소의 맥락과 뉘앙스를 보존하며 전달하는 데 효과적이다.

셋째, 통번역사는 도착 언어 사용자의 문화적 배경과 인지 수준을 고려하여 통번역 전략을 조정하여야 한다. 이는 문화소를 어떻게 전달할지 결정하는 데 중요한 요소로, 통번역사는 도착 언어 사용자가 해당 문화소에 대한 배경지식을 가지고 있는지 여부를 파악하여 배경지식이 없다면 그 문화소를 이해하는 데 필요한 정보를 제공하여야 한다.

<그림 9-1> 문화소 통번역 전략의 개발

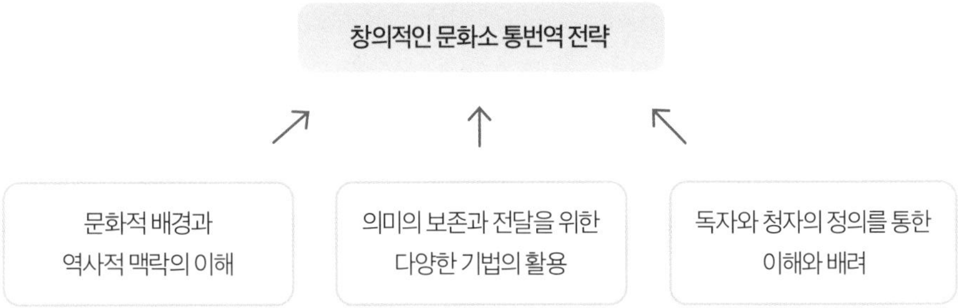

```
          창의적인 문화소 통번역 전략

        ↗           ↑           ↖

  문화적 배경과    의미의 보존과 전달을 위한   독자와 청자의 정의를 통한
  역사적 맥락의 이해   다양한 기법의 활용       이해와 배려
```

　문화소 통번역은 문화 간 소통을 촉진하고, 다양한 문화를 깊이 있게 이해할 수 있도록 하는 중요한 작업이다. 각 문화소에 알맞은 통번역 작업을 통해 통번역사는 서로 다른 문화의 고유한 가치와 의미를 받아들이고, 글로벌 사회에서의 상호 이해와 협력을 증진하는 데 기여할 수 있다.

주요 개념

문화소

　한센이 처음 통번역학에 도입한 개념으로, 언어학의 음소와 유사하게 통번역의 기본 단위로서 사용되며 문화적 차이를 반영하는 실체적 요소이다. 여러 연구자는 문화소를 해당 문화의 고유하고 특별한 문화적 유형을 나타내는 요소로 간주하고, 이러한 개념을 통번역하는 과정에서 문화적 조정이 필요함을 강조하였다.

핵심 요약

1. 문화의 차이는 문화소를 통해 구체화된다.
2. 문화소는 언어와 문화의 차이에서 발생하는 특수한 요소로, 이를 통번역하는 과정에서는 문화적 맥락을 고려하여야 한다.
3. 통번역사는 각 문화소가 내포하는 깊은 문화적 의미를 도착 언어 사용자에게 전달하기 위해 문화소의 문화적 배경과 함의를 이해하고 효과적인 통번역 전략을 수립하여야 한다.

전략 구상

1. 통번역에서 문화소의 개념을 정리하고 이를 활용한 포스트에디팅 방안을 살펴보자.

10

문화소 분류와 통번역의 접근

POINT!

- 다양한 문화소 분류 체계에 접근함으로써 문화소의 특성을 이해할 수 있다.
- 통번역에서 문화소 분류의 모호성을 이해하고, 포스트에디팅 전략을 적용한 최적의 분류 체계를 구축할 수 있다.

문화소 통번역의 전략과 방법은 시대의 흐름과 통번역학의 발전 과정에 따라 크게 변화해 왔다. 20세기 초 번역 이론에서는 출발 텍스트를 중시하는 경향이 강했으나, 점차 독자 중심의 접근법이 대두되면서 문화적 차이를 고려한 다양한 전략이 등장하였다. 특히 20세기 말 글로벌화와 디지털 기술의 발전으로 문화 간 소통의 필요성이 증가하면서, 문화소 통번역에서 문화적 맥락과 도착 언어 사용자의 이해도를 고려한 전략적 통번역 방식이 강조되기 시작하였다.

　21세기에 들어서서는 기술의 발전과 함께 AI 번역과 통번역사의 협업이라는 새로운 국면을 맞이하고 있다. AI 번역은 신속하게 대량의 데이터를 처리할 수 있다는 강점을 가지지만 문화소처럼 언어적·사회적 맥락이 중요한 요소를 다룰 때는 한계를 보여, 전문 통번역사의 확인이 반드시 필요하다. 이에 따라 현대 통번역 환경에서는 AI 번역을 활용한 °CAT(Computer-Assisted Translation, 기계 보조 번역)와 통번역사의 창의적 개입을 결합하는 크로스오버 방식이 자

●CAT
통번역사가 효율성을 높이기 위해 사용하는 소프트웨어로, TM (Translation Memory, 번역 메모리)·용어 관리·자동 완성 등의 기능을 제공하여 번역의 일관성과 품질 유지를 돕는다.

● **통번역사의 창의적 역할**
AI 번역이 처리하기 어려운 언어 사용 맥락과 언어적 뉘앙스를 통번역사가 조절하여 자연스럽고 정확한 통번역을 완성하는 것을 말하며, 이는 통번역의 질을 높이는 데 필수적이다.

연스럽게 자리 잡고 있다. 효율적인 AI 번역 기술을 적극적으로 활용하면서도 문화적 맥락을 반영한 ●통번역사의 창의적 역할이 더욱 중요해지고 있는 것이다.

오늘날 통번역사는 창의적인 문화소 통번역 전략과 방법을 고찰하고 이를 실무에 적용할 수 있어야 한다. 이를 위해 먼저 문화소에 대한 다양한 접근법과 분류 체계를 살펴보고, 해당 개념의 복합적인 의미와 함의를 분석할 수 있어야 한다. 더 나아가 AI 번역과 통번역사의 협업 방식, 그리고 문화적 차이를 효과적으로 조율할 수 있는 전략적 접근법을 체계적으로 탐구해 볼 필요가 있다.

01
통번역을 위한 문화소 분류

여러 학자가 제시한 문화소 분류 체계 중 통번역에 유의미한 문화소 분류 연구를 살펴보자. 먼저 나이다와 뉴마크의 연구는 문화소를 세부적으로 분류하여 실질적인 통번역 과정에 쉽게 적용할 수 있는 지침을 제공한다. 반면 슈톨체와 체스터먼의 연구는 더 포괄적이고 추상적인 관점에서 문화소를 분류하여 통번역사가 문화소의 근본적인 특성을 이해하는 데 도움을 준다.

나이다의 문화소 분류

나이다는 문화소가 통번역 시 발생하는 문제의 주요 원인 중 하나라고 지적하며, 이를 다섯 가지 범주로 분류하였다(1964). 나이다의 분류는 문화 간 차이 이해에 중요한 기초를 제공하여 AI 번역의 한계를 극복하는 데 유용하다. AI는 특히 생태학적 문화와 물질문화의 통번역 시 단순한 직역을 제공할 가능성이 크기 때문에, 통번역사는 문맥을 고려하여 설명을 추가하거나 도착 문화에서 자연스럽게 받아들일 수 있는 요소로 변환하여야 한다.

- **생태학적 문화** 인간이 살아가는 자연환경을 의미하며, 동식물·기후·지리적 특성 등을 포함한다. 이를 통번역할 때는 문화마다 다르게 형성된 자연적 배경을 도착 문화에 맞게 전달하는 데에 중점을 두어야 한다. 예를 들어 한국에서 '벚꽃'은 사람들이 선호하는 꽃이며 축제·노래 등을 연상시키는 긍정적 의미를 가지지만, 다른 문화권에서는 특별한 의미를 갖지 않을 수 있다.
- **물질문화** 인간의 생활에 밀접한 의식주와 관련된 요소로, 음식·의복·주택 등 인위적인 산물을 포함한다. 각 문화의 물질적 요소는 생활 방식과 깊이 연관되어 있으므로 문화소 통번역에서 중요한 요소로 다루어진다.
- **사회 문화** 사회 제도·전통·규범·예절·관습 등을 포괄하며, 역사적 배경이나 사회적 가치관 또한 이에 포함된다.

- **종교 문화** 신앙과 관련된 종교적인 관습·금기·전설 등을 포함한다. 종교 문화소는 각 문화마다의 심층적이고 민감한 맥락을 담고 있기 때문에 통번역 시 각별한 주의가 필요하다.
- **언어문화** 언어 자체의 특성에서 비롯된 문화적 요소로, 특정 언어의 음성·형태·통사 구조를 포함한다. 이를 통번역할 때는 한 언어에만 존재하는 독특한 표현 방식이나 어휘에 유의하여야 한다.

뉴마크의 문화소 분류

뉴마크는 실제 통번역 과정에의 적용 가능성을 중심으로 문화소에 접근하였다(1988). 그의 분류는 단어 일치 수준의 결과를 제공하는 AI 번역의 한계를 보완하는 데 도움을 준다. 특히 영상 자막의 경우 몸짓과 태도 등의 문화소는 AI 번역이 쉽게 인식하지 못하는 영역이므로 통번역사는 AI가 생성한 번역을 검토하고 적절한 맥락으로 조정하여야 한다. 예를 들어 한국에서의 '고개를 숙이는 인사'와 서구권의 '악수'는 단순 변환이 아니라 문화적 차이를 반영하여 설명을 더하거나 표현을 대체하는 것이 바람직할 수 있다.

- **생태학적 범주 어휘** 자연환경에 관련된 요소로, 식물·동물·기후·지형 등이 포함된다. 예를 들어 '사막'이나 '열대 우림'과 같은 자연환경 관련 용어는 각 문화에서 다르게 해석될 수 있다.

- **물질문화**(인공물) 의복·음식·주택·운송 수단 등 인간이 만든 물질적 요소가 포함된다. 예를 들어 '김치'는 한국 문화를 대표하는 중요한 음식 문화소이므로, 이를 다른 문화에 전달할 때는 적절한 통번역 전략이 필요하다.

- **사회 문화** 일과 여가에 관련된 어휘로, 사회적 활동과 관습이 이에 속한다. 예를 들어 한국의 '한옥 체험'과 같은 문화적 활동은 '한옥'이라는 주거 형태가 없는 다른 문화권 사람들에게는 쉽게 이해하기 어려운 문화소이므로 유의하여 통번역하여야 한다.

- **개념 문화** 정치·행정·예술·종교 등과 관련된 조직이나 개념을 포함한다. 이러한 요소들은 각 문화의 사회적 구조를 반영하므로, 통번역 시 신중하게 접근하여야 한다.

- **몸짓과 태도** *비언어적 소통에 관련된 요소로, 몸짓·손짓 등의 행동이 포함된다. 예를 들어 특정 문화권에서의 자연스러운 '윙크'는 다른 문화권에서는 부정적으로 받아들여질 수 있다.

슈톨체의 문화소 분류

슈톨체는 문화적 차이에서 기인하는 문화소의 부등성을 실제적 부등성·형식적 부등성·의미적 부등성의 세 가지로 나누었다(1992). 그의 분류는 문화소가 도착 문화에서 어떻게 받아들여지는지 분석하는 데 유용하다.

*비언어적 소통
언어 외적 요소인 표정·몸짓·억양·시선·공간 활용 등을 통해 의미를 전달하는 방식이다. 통번역에서는 상황적 맥락에 따라 이러한 요소를 해석하고 조정하여 원활한 의사소통을 돕는 것이 중요하다.

- **실제적 부등성** 출발 문화에 존재하지만 도착 문화에는 전혀 없는 문화소를 말한다. 예를 들어 한국의 정치적 사건인 '5·18 민주화 운동'은 다른 문화에 정확하게 대응하는 개념이 없기 때문에 통번역 시 설명을 추가하는 등 대체 전략을 고려하여야 한다.

- **형식적 부등성** 출발 문화에 존재하는 문화소가 도착 문화에도 유사하게 존재하지만, 그 언어 형태가 다른 경우를 말한다. 한국의 '찜질방'과 서양의 '사우나'처럼 문화적으로 동일한 기능을 하는 공간이지만 언어적 표현이 다른 문화소를 예로 들 수 있다.

- **의미적 부등성** 두 문화에 모두 존재하는 어휘가 도착 문화에서는 다르게 해석되거나 다른 이미지를 연상시키는 경우를 말한다. 문화적 함축이나 뉘앙스 전달에서 한계를 보이는 AI 번역이 가장 놓치기 쉬운 요소로, 예를 들어 한국에서 '빨간색'은 특정한 정치적 의미나 부정적 이미지를 전달할 수 있지만 중국과 같은 다른 문화권에서는 복을 상징하는 긍정적 의미로 받아들여질 수 있다. 이러한 차이를 인식하지 못하는 AI 번역은 오류를 범할 수 있으므로, 통번역사는 AI 번역의 결과를 문화적 맥락에 맞게 수정할 수 있어야 한다.

빨간색은 중국과 같은 문화권에서는 복을 상징하는 긍정적 의미로 받아들여질 수 있다.

AI 시대 통번역의 포스트에디팅 전략

체스터먼의 문화소 분류

영국의 번역학자 앤드루 체스터먼Andrew Chesterman은 문화소를 크게 언어적 요소와 비언어적 요소로 구분하였다(1997). 지금과 같은 AI 번역 시대에는 언어적 요소의 통번역에 적용할 화용적 전략이 특히 중요해진다. AI 번역은 단순히 의미만 일치하는 직역을 제공하기 쉬우므로, 통번역사가 이를 맥락에 맞게 조정하지 않으면 의미 왜곡이 발생할 수 있기 때문이다. 예를 들어 한국어의 "수고하세요."를 영어로 옮길 때, 직역하면 "Work hard."가 되지만 실제 이 인사는 "Have a nice day."에 가까운 의미이다. 이러한 뉘앙스를 제대로 전달하기 위해 AI 번역과 협업하는 통번역사의 포스트에디팅이 반드시 수행되어야 한다.

- **언어적 요소** 어휘·통사 구조·화용적 맥락 등 언어 내부에서 발생하는 모든 문화적 특성을 포함한다. 예를 들어 한국어의 경어법 체계는 특정 문화적 맥락에만 존재하는 언어적 요소로서, 도착 언어에 경어법에 상응하는 개념이 없다면 대체할 전략을 강구하여야 한다.
- **비언어적 요소** 언어 외적인 문화적 실체를 의미하며, 관습·제스처·사회적 규범 등을 포함한다. 예를 들어 서구권의 가벼운 포옹과 키스는 한국의 인사법과는 문화적 맥락이 다르므로 통번역사는 이를 설명하거나 대체할 방법을 결정하여야 한다.

문화소 분류의 모호성과 해결 방안

문화소 분류의 모호성

살펴본 바와 같이 다양한 문화소를 범주별로 구분하고 이를 정확히 이해하는 과정은 통번역에서 필수적이다. 그러나 문화소의 구분은 학자마다 다르고 복잡하여 어떤 분류 기준이 가장 합리적인지에 대한 논의가 끊임없이 이어지고 있다. 포괄적인 문화소 분류에서는 각 범주 간 경계가 불분명하여 중첩이 발생하기 쉬운 반면, 세분화된 분류 기준은 자료를 구조화하기 복잡하다. 이러한 문화소 분류의 난제는 실제 통번역에서 더욱 두드러진다. 다음 예문으로 문화소 분류의 모호성 문제를 확인할 수 있다.

> ST Every year, we celebrate Thanksgiving with turkey and pumpkin pie, a tradition passed down through generations.

> TT 매년 우리는 칠면조와 호박파이를 먹으며 추수 감사절을 기념합니다. 이는 대대로 내려오는 전통입니다.

예문에 등장하는 'Thanksgiving', 'turkey', 'pumpkin pie'는 모두 미국 문화를 대표하는 문화소로, 한국 문화에는 존재하지 않기 때문에 한국어로 통번역할 때 깊은 고민이 필요하다. 물론 예문처럼

'Thanksgiving'을 '추수 감사절'이라고 직역할 수도 있지만, 한국에는 이 기념일이 존재하지 않으므로 추가적인 설명이 필요하다. 게다가 'turkey', 'pumpkin pie'와 같은 문화소도 한국에서는 낯선 음식 문화소여서 통번역사가 이 표현을 그대로 유지할지 혹은 한국 문화에서 이해될 수 있는 다른 음식 문화소로 대체하여 전달할지 결정하여야 한다. 또한 '대대로 내려오는 전통'이라는 표현은 관습 문화소에 해당하는 것으로, 이와 같은 표현을 사용함으로써 문맥에 따라 보편적인 관습임을 나타낼 수도 있지만 도착 문화에 따라서는 전혀 다른 표현으로 받아들여질 수 있어 유의하여야 한다. 결국 문화소 통번역은 단순한 언어적 대응만으로 해결되지 않으며, 맥락적 의미와 문화적 함의를 고려한 통번역 전략이 필요하다.

영어의 관용구인 'A bird in the hand is worth two in the bush.'와 같은 표현을 한국어로 통번역할 때도 문화소 분류의 모호성 때문에 어려움을 겪는다. 이 관용구는 단순한 언어 문화소로 분류할 수도 있지만, 이와 동시에 사고방식을 반영하는 관념 문화소로도 볼 수 있다. 따라서 한국어로 통번역할 때 이를 언어 문화소로 분류하여 '손안의 새 한 마리가 숲속의 새 두 마리보다 낫다.'와 같이 직역할 수도 있지만, 관념 문화소로서 이 표현이 내포한 의미를 염두에 두어 '현재 가지고 있는 것이 더 중요하다.'라고 의역할 수도 있다. 이러한 예시는 문화소의 복잡성과 그에 따른 통번역 전략에 대한 고민의 필요성을 보여 준다.

문화소 분류의 모호성은 언어 간 차이뿐만 아니라 사회적·종교적 차이에서도 발견할 수 있다. 예를 들어 '성탄절 Christmas'은 종교적 문화소로 분류될 수 있지만, 현대 사회에서는 종교적 의미보다 사회적 이벤트로서의 의미가 더 강할 수 있다. 이 경우 통번역사는 도착 언어 사용자가 이 단어를 어떻게 이해할지 고려하고 통번역 전략을 수립하여야 한다.

문화소 분류의 최적화

문화소 분류는 통번역 과정에서 문화적 차이를 효과적으로 극복하게 하는 중요한 도구이지만, 기존의 분류는 모호성과 중첩성 문제가 있어 개선이 필요하다.

실제로 문화소는 사용되는 문맥에 따라 다르게 해석될 수 있다. 예를 들어 '한복'은 일반적으로 전통 의상을 의미하므로 물질 문화소로 분류할 수 있지만, 한국의 전통 가치나 예술적 상징성을 강조하는 문맥에서는 관념 문화소로 해석될 수 있다. 따라서 문화소 분류는 문화소가 포함된 맥락을 고려하여 유연하게 적용되어야 한다.

문화는 지속적으로 변화하므로, '셀카'나 '메타버스'와 같은 신조어 및 새로운 문화적 개념이 기존 체계에서 소외되지 않도록 동적인 접근 방식이 필요하다. 이때 글로벌화가 가속화되면서 문화소는 한 문화권에 국한되지 않고 다른 문화권으로 그 가치가 공유되거나 변형되기도 한다. 한국의 대표적인 음식 문화소인 '김치'가 해외에서 '김치 버거', '김치 타코'와 같은 형태로 현지화되면서 새로운 가치를 공유하는 것이 그 예이다.

AI 시대 통번역의 포스트에디팅 전략

몸짓, 예술 작품 등 비언어적 문화소 또한 과시할 수 없다. 예를 들어 두 손으로 물건을 건네는 한국의 예절은 관습 문화소에 해당하며, 이런 행동은 말이나 단순한 행동 이상의 존중과 존경의 의미를 내포하고 있다. 이를 통번역에 반영하기 위해서는 설명을 추가할지 유사한 개념으로 대체할지 구체적인 방법을 고려할 필요가 있다.

이러한 관점에서 중첩과 모호성을 최소화한 다음과 같은 문화소 분류를 제안한다. 이를 통해 통번역사가 문화소를 다루는 과정에서 더욱 정밀한 전략과 구체적 방법을 찾을 수 있기 바란다.

- **생태 문화소** 자연적 요소와 인위적 요소로 구분된다. 자연적 요소는 동식물·산맥·강·기후 등과 같은 자연환경을 포함하며, 인위적 요소는 도시·시골·마을과 같은 인간이 형성한 환경을 포함한다. 예를 들어 '한강[Hangang River]'은 한국의 생태적 특성을 반영하는 문화소로서, 통번역 시 이 문화소가 내포하고 있는 자연적 의미를 반영하여야 한다.
- **물질 문화소** 의복·주거·음식·교통·통신·도구 등 인간이 생산한 요소를 포함한다. 예를 들어 한국의 전통 의상인 '한복'이나 전통 음식인 '떡국'은 문화적 특성을 반영하는 물질 문화소로, 이를 통번역할 때는 도착 언어 사용자의 문화적 배경지식을 고려한 설명이나 대체가 필요하다.
- **제도 문화소** 정치·경제·군사·역사·법률·교육·기술 등 사회 제도와 관련된 요소를 포함한다. 예컨대 '조선 왕조'나 '대

한민국 헌법' 등의 제도적 요소는 한국의 역사적·정치적 배경을 포함하는 문화소이다. 이러한 문화소는 도착 언어 사용자가 쉽게 이해할 수 있도록 통번역사의 세심한 설명이 필요하다.

- **관습 문화소** 명절·관습·풍속·예의·호칭·몸짓 등을 포함하며, 특정 사회의 전통과 관습을 나타낸다. 예를 들어 한국의 '설날'이나 '추석'과 같은 명절을 통번역할 때는 각 명절이 내포한 문화적 배경을 설명하는 방식으로 접근하여야 한다. 또한 한국에서 '두 손으로 물건을 건네는 몸짓'은 존중과 예의를 나타내는 관습 문화소로, 다른 문화에서는 이 행동의 의미가 이해되지 않을 수 있음에 유의하여야 한다.

- **관념 문화소** 사유 방식·가치관·이데올로기·종교·토속 신앙과 같은 추상적 요소를 포함한다. 예를 들어 '효 사상'은 한국 문화에서 매우 중요한 가치로, 이를 통번역할 때는 단순한 의미 전달이 아니라 그 문화적 배경과 함의를 적절히 설명하는 전략이 필요하다.

- **언어 문화소** 규범적 요소와 비규범적 요소로 나눌 수 있다. 규범적 요소는 관용구·속담·경어법 등을 포함하며, 비규범적 요소는 외래어·비속어·방언 등을 포함한다. 예를 들어 '발 없는 말이 천리를 간다.'와 같은 속담은 한국어 고유의 표현으로, 이를 통번역할 때는 도착 언어에 맞는 적절한 대응어를 찾거나 표현의 문화적 맥락을 설명하여야 한다.

〈표 10-1〉 문화소 분류 제안

분류	세부 항목
생태 문화소	• 자연적 요소: 동식물·산맥·강 기후 등 • 인위적 요소: 도시·시골·마을 등
물질 문화소	• 의복·주거·음식·교통·통신·도구 등
제도 문화소	• 정치·경제·군사·역사·법률·교육·기술 등
관습 문화소	• 명절·관습·풍속·예의·호칭·몸짓 등
관념 문화소	• 사유 방식·가치관·이데올로기·이념·종교·토속 신앙 등
언어 문화소	• 규범적 요소: 관용구·속담·경어법 등 • 비규범적 요소: 외래어·비속어·방언 등

주요 개념

학자에 따른 문화소 분류
- 나이다　생태학적 문화·물질문화·사회 문화·종교 문화·언어문화로 분류
- 뉴마크　생태학적 범주 어휘·물질문화·사회 문화·개념 문화·몸짓과 태도로 분류
- 슈톨체　문화소의 부등성을 실질적 부등성·형식적 부등성·의미적 부등성으로 분류
- 체스터먼　크게 언어적 요소와 비언어적 요소로 분류

문화소의 분류의 제안
　생태 문화소·물질 문화소·제도 문화소·관습 문화소·관념 문화소·언어 문화소의 여섯 가지 분류는 더 정밀한 통번역 전략과 구체적 방법 탐색에 도움이 될 것이다.

핵심 요약

1. 통번역사는 문화소 통번역에 대한 전략과 방법을 실제에 적용하기 위해 문화소에 대한 다양한 접근법과 분류 체계를 살펴 그 복합적인 함의를 이해하여야 한다.
2. 문화소의 분류는 통번역학에서 문화적 차이를 극복하는 중요한 도구로 사용되지만, 모호성과 중첩성이라는 한계를 가지므로 이를 개선하고 최적화하려는 노력이 필요하다.

전략 구상

1. 여러 문화소 분류 이론을 정리하고 포스트에디팅을 위한 자신의 문화소 분류 방안을 고안하여 보자.

11

문화소의
통번역
전략과
교육

POINT!

- 문화소 통번역의 다양한 전략을 이해하고, 포스트에디팅을 활용하여 실무에 효과적으로 적용할 수 있다.
- 문화소 학습 방법을 이해하고 이를 훈련하기 위한 계획을 설정할 수 있다.

통번역은 다른 문화 간 의미를 전달하고 소통하는 복잡한 과정이다. 이 과정에서 출발 언어가 내포하고 있는 사회적·문화적 맥락과 그 함의를 이해하고 전달하기 위해 통번역사는 문화소라는 개념을 반드시 파악하여야 한다. 그런데 문화소는 특정 문화에서만 이해되는 개념이나 요소이기 때문에 다른 문화에서 직접적인 대응어를 찾기 어렵고 유사한 개념조차 발견하지 못할 수 있다. 문화소를 어떻게 통번역할지에 따라 도착 언어 사용자가 출발 언어의 문화적 배경과 의미를 정확히 이해할 수 있는지의 여부가 결정되므로, 문화소는 통번역사에게 큰 도전이 아닐 수 없다.

문화소 통번역에 사용되는 대표적인 방법으로는 직역·의역·설명 번역 등이 있다. 직역은 문화소를 그대로 통번역하는 방법으로, 이 방법을 적용할 경우 도착 언어 사용자가 그 의미를 이해하지 못할 위험이 있다. 따라서 문화소를 통번역할 때는 그 의미를 도착 언어에 맞게 변형하는 의역을 활용하거나, 문화소에 대한 부연 설명을 덧붙여 도착 언어 사용자의 이해를 돕는 것이 바람직하다. 예를 들어 한국의 '설날'을 통번역할 때 신년 첫날과 구분되는 한국의 음력 문화로 변형하여 'Lunar New Year'로 의역하거나 'Korean Lunar New Year'로 설명을 덧붙여 이해를 도울 수 있다.

문화소 통번역 과정에서는 통번역사의 주관적 판단을 피할 수 없다. 때문에 통번역사는 출발 언어의 문화적 특성을 어떻게 전달할지 끊임없이 고민하고 노력하여야 한다. 통번역사는 상황에 맞는 다양한 전략을 적절히 선택하고 적용하기 위하여 여러 연구자가 제시하는 문화소 통번역 전략과 방법을 학습하고, 이를 적절히 활용할 수 있어야 한다.

01
문화소 통번역의 다양한 전략

구트의 적합성 이론과 번역 전략

독일의 번역학자 에른스트아우구스트 구트Ernst-August Gutt는 •적합성 이론Relevance Theory을 번역에 처음 적용한 학자이다(1991). 그는 번역 과정에서 의미의 정확한 전달을 강조하고, 이를 위해 '직접 번역'과 '간접 번역'이라는 두 가지 번역 전략을 제시하였다. 구트에 따르면 번역사는 출발 텍스트 저자의 의도와 도착 텍스트 독자 간의 원활한 의사소통이 가능하도록 중재하는 중요한 역할을 담당한

•적합성 이론
인간의 인지 체계는 의사소통 과정에서 최적의 적합성을 도출하기 위해 작동하며, 이때 맥락이 중요한 역할을 한다고 주장하는 이론이다.

AI 시대 통번역의 포스트에디팅 전략

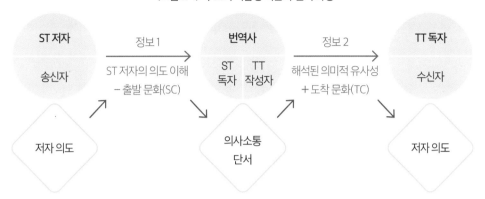

〈그림 11-1〉 구트의 적합성 이론과 번역 과정

다. 이 이론이 번역 과정에 어떻게 적용되는지는 〈그림 11-1〉을 통해 시각적으로 확인할 수 있다.

출발 텍스트 독자와 도착 텍스트 독자의 배경지식에는 문화적 차이가 존재한다. 하지만 출발 텍스트 독자이자 도착 텍스트 작성자인 번역사는 문화적 중재가 가능하여 도착 텍스트 독자가 이해할 수 있도록 맥락의 문화적·언어적 전환을 시도한다. 이 과정에서 발생하는 번역사의 모든 인지적·언어적 조정은 출발 텍스트의 의도를 전달하기 위해 제공되는 의사소통의 단서를 통해 도착 텍스트에 구현된다.

- **직접 번역**   직접 번역은 출발 텍스트의 문화적·언어적 특성을 최대한 보존하는 방법이다. 이 전략은 출발 문화의 특성과 뉘앙스를 도착 문화에서도 경험할 수 있도록 하는 데 중점을 둔다. 예를 들어 멕시코의 국경일인 5월의 다섯 번째 날

● Cinco de Mayo
스페인어로 '5월 5일'이
라는 뜻으로, 1862년
5월 5일 푸에블라 전투
에서 멕시코군이 프랑
스군을 물리친 것을 기
념하는 날이다.

'●Cinco de Mayo'를 한국어로 옮길 때 '5월 5일 전승 기념일'
로 번역하는 것은 이날의 역사적 의미를 명확하게 전달해서,
도착 텍스트 독자가 이 기념일의 중요성을 이해할 수 있도록
하는 데 도움을 준다. 이와 같이 직접 번역은 출발 텍스트의 의
미와 의도를 충실하게 반영하면서도 그 의미가 도착 문화에서
적절하게 해석될 수 있도록 하는 전략이다.

• **간접 번역**   간접 번역은 출발 텍스트의 문화적 요소를 도착 문
화의 관점에서 재해석하는 방법이다. 이 전략은 도착 문화에
정확한 대응어가 없을 때 유용하다. 예를 들어 'Baby shower'
를 문자 그대로 옮기면 '아기 샤워'인데, 이는 한국과 같은 동
양권에서는 낯선 문화여서 단순히 아기를 씻기는 행위를 연상
시킬 수 있다. 따라서 원래의 문화적 맥락과 의미를 적절히 전
달하기 위해 이를 간접 번역하여 '임신 축하 파티'나 '예비 엄
마를 위한 축하 파티'라고 번역하는 것이 더 자연스럽다.

구트의 적합성 이론에 따르면 통번역사는 문화소를 다룰 때 출발
텍스트의 문화적 의미를 도착 언어 텍스트 독자가 어떻게 받아들일
지에 대해 예측하고, 이에 맞는 문화적 전환을 고려하여야 한다. 이
과정에서 문화소의 직접 번역과 간접 번역은 각각의 상황에 따라
선택될 수 있다.

<표 11-1> 구트의 문화소 번역 전략

전략 종류	방법
직접 번역	• 출발 언어의 문화적·언어적 특성을 최대한 보존
간접 번역	• 출발 언어의 문화적 요소를 도착 문화의 관점에서 재해석

베이커의 어휘적 비대응과 통번역 전략

베이커의 견해에 따르면 문화소는 통번역에서 가장 중요한 과제로(1992), 통번역사는 문화소를 도착 언어 사용자가 자연스럽게 이해할 수 있도록 적절히 해석하고 재구성하여야 한다. 예를 들어 영미권의 대표적 기념일인 'April Fools' Day'는 한국어로 '만우절'이라고 통번역될 수 있지만, 두 문화의 사회적 관습이 다르기 때문에 추가적인 설명이나 다른 통번역 전략이 필요할 수 있다. 이처럼 문화소는 단순한 언어적 대응만으로는 충분히 전달되지 않으며, 통번역사는 두 문화에 대한 깊은 이해를 바탕으로 이런 문제를 해결하여야 한다.

베이커는 문화소 통번역에서 '어휘적 차원'이 중요한 과제임을 강조하며, 출발 언어와 도착 언어 간의 등가가 존재하지 않는 11가지 '어휘적 비대응Non-equivalence'의 종류를 제시하였다. 〈표 11-2〉와 같은 사례는 문화소 통번역에서 통번역사가 직면하게 되는 언어적·문화적 전환의 복잡성과 다양성을 잘 보여 준다.

<표 11-2> 베이커의 어휘적 비대응

종류	
• 문화적으로 특별한 개념	• 도착 언어에서 어휘화되지 않은 개념
• 의미가 복잡한 어휘	• 출발 언어와 도착 언어의 의미상 차이
• 도착 언어에 상위어나 하위어의 부재	• 물리적·대인적 관점에서의 차이
• 표현되는 의미의 차이	• 형태의 차이
• 출발 언어에서 차용어 사용	• 도착 언어에서 차용어 사용

- **문화적으로 특별한 개념**　종교적 신념·사회적 관습·전통 음식명 등은 출발 문화에만 존재하는 고유 개념으로 도착 문화에 전혀 알려지지 않은 경우가 많다. 예를 들어 한국의 전통 명절인 '설날'과 음식인 '김치'는 다른 문화에서 등가하는 개념을 찾기 어렵기 때문에 통번역 시 설명이나 의역이 필요하다.

- **도착 언어에서 어휘화되지 않은 개념**　출발 문화에서 널리 쓰이는 개념이라도 도착 언어에서는 이를 표현할 적절한 단어가 없을 수 있다. 예를 들어 한국어의 '정'이라는 개념은 복합적인 감정을 나타내는 단어이기 때문에 이를 다른 언어로 통번역할 때는 상황에 맞는 조절이 필요하다.

- **의미가 복잡한 어휘**　하나의 단어가 여러 가지 함의를 내포하고 있을 때 그 의미를 모두 담아낼 수 있는 적절한 대응 표현을 찾는 것이 어려울 수 있다. 예를 들어 한국어에서 '사랑'이라는 단어는 다양한 상황에서 사용되므로, 이를 영어로 통번역할 때는 맥락에 따라 'love'·'affection'·'passion' 등으로 다양하게

AI 시대 통번역의 포스트에디팅 전략

표현될 수 있다.

- **출발 언어와 도착 언어의 의미상 차이** 출발 언어와 도착 언어에 동일한 단어가 존재하더라도 그 의미가 미세하게 다른 경우, 통번역 시 적절한 선택이 필요하다. 예를 들어 영어의 'friend'는 한국어의 '친구'와 유사하지만 사용되는 사회적 맥락에서 차이가 존재할 수 있다. "이 친구가 초면에 왜 이러나?"라는 한국어 문장에서 '친구'는 만난 지 얼마 되지 않은 사람을 낮추어 부르는 의미로 사용되었으므로, 이 문장을 영어로 통번역할 때는 "Why is he behaving like this when we've only just met?"이라고 표현할 수 있다.

- **도착 언어에 상위어나 하위어의 부재** 어떤 개념이 도착 문화에서는 더 구체적이거나 반대로 더 일반적일 수 있다. 예를 들어 한국어의 '신발'은 영어로 'shoes'·'sneakers'·'slippers' 등 더 세분화된 단어로 통번역될 수 있다.

- **물리적·대인적 관점에서의 차이** 출발 언어와 도착 언어 문화 간에 사물이나 사람을 바라보는 관점이 다를 경우, 이에 맞춰 대응 표현을 조정하여야 한다. 예를 들어 '손을 잡다'라는 표현은 한국에서는 우정이나 협력을 의미하지만, 다른 문화에서는 로맨틱한 의미로 해석될 수 있다.

- **표현되는 의미의 차이** 출발 언어와 도착 언어 간에 동일한 단어가 존재하나 그 의미는 다를 수 있다. 예를 들어 '붉은색'은 한국에서 경고나 위험 또는 정치적 사상의 의미를 가지지만,

다른 문화에서는 긍정적 의미로 기쁨이나 즐거움을 표현할 때 사용된다.

- **형태의 차이** 접두사나 접미사와 같은 형태소의 차이로 인해 출발 언어와 도착 언어 간 의미 차이가 발생할 수 있다. 예를 들어 영어의 'unhappy'를 한국어로 통번역할 때에는 '불행하다' 또는 '행복하지 않다'로 표현하는데, 이러한 언어적 형태의 차이에 따라 미묘한 의미 차이가 발생한다.

- **출발 언어에서 차용어 사용** 출발 언어에서 사용한 차용어에 대한 적절한 대응어가 도착 언어에 없는 경우, 통번역사는 이러한 차용어를 설명하거나 다른 표현으로 대체하여야 한다. 예를 들어 '한류Hallyu'는 해외에서 그대로 차용되는 경우가 많지만, 'Korean Wave'라는 설명적 번역을 추가하면 의미 전달이 더욱 명확해진다.

- **도착 언어에서 차용어 사용** 특정 단어가 출발 언어의 문화를 반영하기 때문에 도착 언어에서 이 단어를 차용해서 그대로 사용하는 경우도 있다. 예를 들어 'kimchi'는 중국을 제외한 대부분의 나라에서 그대로 차용되는 단어이다.

베이커는 문화소 통번역에서 직면하는 이 같은 어려움을 해결하기 위해 다양한 통번역 방법을 제시하였다(1992, 2011). 이 방법들은 출발 언어의 개념이 도착 언어에서 명확한 대응을 찾기 어려운 경우에 특히 유용하다.

- **일반적인 단어(상위어) 사용** 도착 언어에 구체적인 표현이 없을 때 상위어를 사용하여 통번역하는 방법이다. 예를 들어 한국의 바비큐 요리에 가까운 불고기를 'bulgogi'라고 음가대로 차용하지 않고 'Korean meat dish'로 통번역하는 것은 구체적인 음식명 대신 상위어를 사용하는 사례이다.

- **중립적인 단어 사용** 출발 언어의 문화적 의미를 도착 언어로 충분히 전달하기 어려울 때 중립적인 표현으로 통번역하는 방식이다. 예를 들어 한국인의 독특한 정서로 일컬어지는 '정'을 'affection'으로 통번역하는 것이 이에 해당한다.

- **문화 대체어** Cultural Substitution **사용** 도착 언어에서 유사한 문화적 개념을 대체어로 사용하는 방법이다. 예를 들어 미국의 'Super Bowl'을 한국어로 옮길 때 '미국 프로 미식축구 챔피언 결정전'이라고 통번역할 수 있다.

- **차용어나 설명을 덧붙인 차용어 사용** 출발 언어의 문화적 개념이 도착 언어에 전혀 없을 경우, 차용어를 사용하되 부연 설명을 덧붙여 통번역하는 방법이다. 예를 들어 한국의 대표적 발효 음식인 'kimchi'는 음가를 그대로 차용하면서 'fermented Korean cabbage'라는 설명을 덧붙일 수 있다.

- **관련어를 사용해서 풀어 쓰기** 출발 언어의 복잡한 개념을 도착 언어에서 풀어 써서 설명하는 방식이다. 예를 들어 한국의 전통 의복인 'hanbok'을 'traditional Korean clothing'으로 풀어 쓸 수 있다.

<표 11-3> 베이커의 문화소 통번역 전략

종류	
• 일반적인 단어 사용	• 중립적인 단어 사용
• 문화 대체어 사용	• 차용어나 설명을 덧붙인 차용어 사용
• 관련어를 사용해서 풀어 쓰기	• 비관련어를 사용해서 풀어 쓰기
• 생략	• 삽화

- **비관련어를 사용해서 풀어 쓰기** 도착 언어에서 대응어를 찾기 힘들 때 관련 없는 어휘로 풀어서 설명하는 방식이다. 예컨대 한국어의 '눈치'를 'the ability to perceive and respond appropriately to social situations'처럼 풀어서 옮길 수 있다.

- **생략** 출발 언어의 문화적 요소가 도착 언어에서 중요한 의미를 가지지 않을 때 이를 생략하는 방법이다. 예를 들어 '김장철'은 한국의 독특한 문화이지만 문맥상 언급이 필요하지 않을 경우 생략할 수 있다.

- **삽화** 문화소를 통번역할 때 직접적인 텍스트보다 삽화를 사용해서 표현하는 방법이다. 이는 시각적 자료가 필요한 경우 유용하다.

아이세라의 문화소 통번역 전략

문화소 통번역에서 아이세라의 전략은 '보존 전략Conservation Strategies'과 '대체 전략Substitution Strategies'이라는 두 가지 핵심적인 접근법을 중심으로 나뉜다(1996). 먼저 보존 전략은 출발 언어의 문화적 요소를 최대한 보존해 통번역하는 방법으로, 출발 언어의 정체성을 살리고 유지하는 데 중점을 둔다. 대체 전략은 도착 언어 사용자의 이해를 우선시해서 출발 언어의 문화소를 도착 언어와 그 문화에 맞춰 변형하는 방법이다. 아이세라는 이 두 가지 접근 전략을 혼합해서 문화소 통번역의 효과를 극대화할 수 있는 여러 추가적인 방법도 함께 제시하였다.

① 보존 전략

- **반복** 출발 언어의 ●문화적 지시어를 그대로 유지하는 방법으로, 지명의 통번역에서 자주 사용된다. 예컨대 런던의 시계탑인 'Big Ben'을 한국어로 옮길 때 '빅 벤'이라고 표현할 수 있다.

- **철자법의 적용** 출발 언어의 발음을 도착 언어의 문자 체계로 변환해서 표기하는 방법으로, 주로 인명이나 고유 명사의 통번역에서 사용된다. 예를 들어 영국의 작가 'Shakespeare'는 한국어로 옮길 때 '셰익스피어'라고 음가대로 표기한다.

- **언어 중심 통번역** 출발 언어에서 사용된 특정 어휘와 유사한 의미를 가진 어휘를 도착 언어에서 선택하는 방법으로, 화폐 단위나 도량형 통번역에 많이 적용된다. 예를 들어 영국의 화폐 단위인 'pound'를 한국어로 옮길 때 '1파운드(약 1,800원)'라고 한국의 화폐 단위를 추가하여 표현할 수 있다.

- **텍스트 외부 역주** 직역을 한 후 각주나 미주로 추가 설명을 제공해서 도착 텍스트 독자가 문화소를 쉽게 이해할 수 있도

●문화적 지시어
특정 문화적 맥락이나 배경에 의존하여 의미가 결정되는 표현을 말한다. 특정 문화나 사회에서 통용되는 상징이나 기호 등이 이에 해당된다.

록 돕는 방법이다.

- **텍스트 내부 역주** 추가 설명을 텍스트 내부에 삽입해서 도착 텍스트 독자의 주의를 분산시키지 않고 이해를 돕는 방법이다. 예를 들어 'July 4th'를 한국어로 옮길 때 '미국의 독립 기념일 인 7월 4일'이라고 할 수 있다.

② 대체 전략

- **동의어 사용** 반복을 피하기 위해 동의어나 다른 어휘로 출발 언어의 문화소를 대체하는 방법이다. 예를 들어 'french fries' 를 한국어로 옮길 때 '감자 튀김'이라고 표현할 수 있다.

- **제한적 일반화** 도착 언어 사용자에게 친숙한 문화소로 대체 하되, 출발 언어의 특정한 정보를 남기는 방법이다. 예를 들어 영국의 백화점인 'Harrods'를 한국어로 옮길 때 '영국의 유명 백화점'이라고 표현할 수 있다.

- **절대적 일반화** 출발 언어의 문화적 요소를 완전히 제거하고 보편적인 어휘로 대체하는 방법이다. 예를 들어 미국의 'SAT' 를 한국어로 옮길 때 '미국의 수능'이라는 한국인에게 일반적 인 개념으로 표현할 수 있다.

- **자국어화** 출발 언어의 문화소를 도착 문화에서 친숙한 표현 으로 변환하는 방법으로, 특히 아동문학 번역에서 많이 사용된 다. 예를 들어 성탄절을 상징하는 인물인 'Santa Claus'를 한국 어로 옮길 때 '산타 할아버지'라고 할 수 있다.

- **삭제** 도착 언어 사용자에게 불필요하거나 맞지 않는 문화소를 삭제하는 방법이다. 예를 들어 미국의 'Super Bowl Sunday'를 한국어로 옮길 때 한국어 사용자에게 불필요하다고 여겨질 경우, '일요일'이라고만 표현할 수 있다.
- **자율적 창작** 출발 언어에 없던 새로운 문화소를 도착 언어에 추가하는 방법이다. 예를 들어 미국의 기념일인 'Memorial Day'를 한국어로 옮길 때 '현충일과 비슷한 미국의 기념일'이라고 표현할 수 있다.

③ 추가 전략

- **보충** 출발 언어의 문화소를 삭제하고 도착 언어의 문화적 요소를 새롭게 추가하는 방법이다. 예를 들어 미국의 'Thanks-giving turkey'를 문화적 배경을 고려하여 한국어로 '추수 감사절 저녁 식사로 함께 먹는 칠면조 요리'라고 할 수 있다.
- **희석** 도착 문화에서 민감하거나 받아들이기 어려운 출발 언어의 요소를 완화해서 대체하는 방법이다. 예를 들어 'Black Friday Sale'을 한국어로 옮길 때 '연말 대규모 할인 행사'라고 할 수 있다.
- **치환** 문장 내에서 문화소의 위치를 변경해 도착 언어 사용자의 이해를 돕는 방법이다. 예를 들어 '4th of July fireworks'를 한국어로 옮길 때 '독립 기념일 불꽃놀이'라고 재구성하여 표현할 수 있다.

〈표 11-4〉 아이세라의 문화소 통번역 전략

종류	방법
보존 전략 출발 언어의 정체성 유지에 중점	• 반복, 철자법의 적용, 언어 중심 통번역, 텍스트 외부 역주, 텍스트 내부 역주
대체 전략 도착 언어 독자의 이해에 중점	• 동의어 사용, 제한적 일반화, 절대적 일반화, 자국어화, 삭제, 자율적 창작
추가 전략 보존 전략과 대체 전략의 혼합	• 보충, 희석, 치환

아이세라의 연구는 문화소 통번역에서 상황에 따라 유연하게 접근할 수 있도록 다양한 방법을 제공해서, 통번역사가 출발 언어의 문화를 도착 언어 사용자에게 더 효과적으로 전달할 수 있는 기반을 마련하였다.

장난펑의 문화소 통번역 전략

중국의 번역학자 장난펑張南峰은 문화소 통번역 전략을 크게 세 가지로 나누어 설명하였다(2004).

① 보존 전략

출발 언어의 형태와 의미를 그대로 유지하는 전략으로, 다음과 같은 방법이 있다.

• **음역** 출발 언어의 발음을 그대로 옮기는 방법으로, 중국 만두의 한 종류인 '饺子[교자]'를 영어로 통번역할 때 'jiaozi'로 옮

기는 것이 그 예이다.

- **축자역** 글자 그대로 통번역하는 방법이며, 'K-pop'을 한국어로 옮길 때 '한국 대중음악'으로 통번역하는 것이 그 예이다.
- **텍스트 외적 설명** 각주나 서문을 통해 부가 설명을 제공하는 방법이다.

② 대체 전략

출발 언어와 유사한 의미를 가진 도착 언어를 사용하는 전략으로, 다음과 같은 방법이 있다.

- **동의어 사용** 적절한 동의어로 대체하는 방법으로, 영어인 'soccer'를 한국어로 옮길 때 '축구'로 통번역하는 것이 그 예이다.
- **일반화** 구체적 의미를 가진 출발 언어를 일반적인 표현의 도착 언어로 대체하는 방법이다. 예로 'feta cheese'라는 영어 단어를 한국어로 옮길 때 단순히 '치즈'로 통번역하는 경우를 들 수 있다.
- **자국화** 출발 언어의 문화소를 도착 언어의 문화소로 변형하는 방법을 뜻한다. 영어인 'burgundy wine'을 한국어로 옮길 때 '프랑스 와인'으로 통번역하는 것이 이에 해당한다.
- **창작** 출발 언어의 내용을 재구성해서 도착 문화에 맞게 통번역하는 방법이다.

<표 11-5> 장난펑의 문화소 통번역 전략

종류	방법
보존 전략 출발 언어의 형태와 의미 유지	• 음역, 축자역, 텍스트 외적 설명
대체 전략 출발 언어와 비슷한 의미의 도착 언어 사용	• 동의어 사용, 일반화, 자국화, 창작
삭제 전략 출발 언어의 문화소가 불필요하거나 덜 중요한 경우 삭제	

③ 삭제 전략

출발 언어의 문화소가 도착 언어에서 불필요하거나 중요한 의미를 전달하지 않는 경우 생략하는 방법이다. 특정 문화적 배경을 설명하는 표현이 도착 언어 사용자에게 의미가 없을 때 생략하는 경우가 이에 해당한다. 예를 들어 '설날에 떡국을 먹으며 한 해의 건강을 기원한다.'라는 문장을 영어로 통번역할 때, 떡국의 문화적 맥락이 도착 언어 사용자에게 큰 의미가 없다고 판단되면 'On New Year's Day, people wish for good health.'처럼 '떡국' 부분을 생략하여 통번역할 수 있다.

관용구의 통번역 전략

관용구는 그 자체로 특정한 문화적 맥락을 반영하는 표현이므로 이를 통번역할 때는 단순한 어휘적 차원의 전환을 넘어서서, 문화적 의미까지 고려한 다양한 방법이 필요하다. 관용구의 통번역에서 사용할 수 있는 대표적인 세 가지 방법은 다음과 같다.

- **유사한 형태와 의미의 관용구 사용** 출발 언어와 도착 언어에 유사한 형태와 의미를 가진 관용구가 존재할 경우, 이를 그대로 통번역하는 것이 가장 효과적이다. 이 방법은 양쪽 문화권에서 관용구의 본래 의미를 그대로 전달할 수 있다는 장점이 있다. 예를 들어 '시간은 금이다.'라는 한국어 문장을 영어로 통번역할 때 'Time is money.'라는 관용구를 사용할 수 있다.

- **형태는 다르지만 유사한 의미의 관용구 사용** 출발 언어와 도착 언어에 형태는 다르지만 유사한 의미를 가진 관용구가 있을 경우, 의미를 중시하여 도착 언어의 관용구를 사용하는 방법이다. 이 방법은 형태보다는 의미를 중시해 도착 언어 사용자가 쉽게 이해할 수 있도록 한다. 예를 들어 '식은 죽 먹기.'라는 한국어 관용구를 영어로 통번역할 때, 'Eating cold porridge.'라고 직역하는 대신 'A piece of cake.' 또는 'Easy as pie.'라는 관용 표현을 사용해서 '아주 쉬운 일'이라는 의미를 전달할 수 있다.

- **부연 설명 사용** 도착 언어에 해당하는 관용구가 없거나 통번역 시 의미가 충분히 전달되지 않는 경우 부연 설명을 덧붙여 그 의미를 전달하는 방법이다. 이는 추가적인 정보를 제공함으로써 출발 언어 관용구의 정확한 의미를 도착 언어 사용자가 쉽게 이해할 수 있도록 한다. 예를 들어 '울며 겨자 먹기.'라는 한국어 관용구를 영어로 통번역할 때 'Doing something reluctantly despite disliking it.'이라고 부연 설명을 통해 이해시킬 수 있다.

<표 11-6> 대표적인 관용구 통번역 전략

종류
•유사한 형태와 의미의 관용구 사용
•형태는 다르지만 유사한 의미의 관용구 사용
•부연 설명 사용

통번역사는 여러 연구자의 실질적인 전략 제안을 바탕으로 출발 언어의 전체적인 목적과 기능을 헤아리고 전체 문맥과 도착 언어 사용자의 기대를 고려하여 가장 적합한 방법을 통번역에 적용할 수 있어야 한다. 출발 언어가 도착 문화에서 자연스럽고 효과적으로 소통될 수 있도록 노력하는 과정은 문화소 통번역의 복잡성을 해결해 주고, 문화 간 소통에서 통번역사가 전문성과 창의성을 발휘하는 중요한 기회로 작용한다.

02
통번역사 교육과 문화소 학습 방법

문화소에 대한 깊이 있는 이해는 적절한 통번역 전략의 수립과 밀접하게 연결된다. 통번역사는 통번역 과정에서 문화적 맥락을 고려하여 의미를 전달하므로 통번역 교육에서는 문화소에 대한 체계적이고 학문적인 접근이 필요하다. 문화소 통번역 교육의 핵심 목표는 학습자가 문화 간 차이를 인식하고 이를 효과적으로 조정할 수 있도록 하는 데 있다.

문화소에 대한 깊이 있는 이해 교육

통번역은 다양한 문화적 맥락 속에서 이루어지므로, 문화소에 대한 깊이 있는 이해는 통번역사의 필수 역량이다. 따라서 통번역학 교육에서는 문화소에 대한 포괄적인 접근이 필요하다. 인간이 창조한 모든 물질적·정신적·행위적 측면을 포괄하는 넓은 의미의 문화 개념을 도입함으로써, 통번역사는 다양한 문화적 맥락과 요소를 고려하고 심층적·다층적인 의미의 통번역을 수행할 수 있어야 한다. 이를 위해 문화소를 단순한 물질적 산물이 아니라, 해당 문화권의 생활 양식·사고 방식·가치관이 반영된 복합적인 상징으로 이해할 필요가 있다.

또 통번역 교육 과정에서는 학습자에게 다양한 문화소를 소개하고, 문화소가 출발 문화에서 가지는 의미와 도착 문화에서 수용되는 방법에 대해 교육하여야 한다. 이를 위해서는 실제 텍스트를 사용한 사례 분석과 문화 비교를 통한 학습 방법이 효과적이다. 예를 들어 특정 문화에서 중요한 역사적 사건이 통번역에 미치는 영향을 분석하는 것도 좋은 방법이다. 프랑스 혁명의 효시가 된 '•Prise de la Bastille'를 한국어로 통번역할 때 '바스티유 감옥 습격'이라고만 하면 그 정치적 함의가 약화될 수밖에 없다. 따라서 통번역사는 이 역사적 사건이 도착 문화에서 어떤 방식으로 이해되는지 먼저 고민하

•Prise de la Bastille
평민 대표들의 '국민 의회'를 루이 16세가 무력으로 탄압하려 하자, 파리 시민들이 이에 대항하여 무기를 확보하기 위해 1789년 7월 14일 바스티유 감옥을 습격한 사건이다.

고 설명적 번역 등의 방법을 사용하여야 한다.

비교 문화 분석을 통해 출발 문화와 도착 문화의 차이를 직접 경험하게 하는 방법도 효과적이다. 예를 들어 사무직 노동자를 지칭하는 영어 단어 'white-collar'의 경우, 한국에서는 '화이트칼라 노동자'라고 그대로 차용하지만 아랍 문화권에서는 이에 해당하는 개념이 존재하지 않으므로 추가적인 설명이 필요하다는 차이를 교육하여야 한다.

문화적 비등가성에 대한 극복 전략 교육

출발 언어와 도착 언어 간 문화적 비등가성은 통번역 과정에서 흔히 발생하는 문제로, 이를 어떻게 극복할 것인지에 대한 전략적 접근이 필요하다. 문화적 비등가성은 출발 문화에 존재하는 특정 개념이나 관습이 도착 문화에서는 존재하지 않거나 이해되지 않는 경우를 말한다. 이를 해결할 수 있도록 다음과 같은 전략을 교육하여야 한다.

- **문화소 보존 전략** 문화소를 그대로 유지하되 설명을 추가하는 방법이다. 예를 들어 일본의 민속 신앙인 '신도神道'를 영어로 통번역할 때, 'Shinto, a traditional Japanese belief system'처럼 원래 개념은 그대로 보존하고 부연 설명을 추가할 수 있다.
- **문화소 대체 전략** 출발 언어의 문화소를 도착 언어의 유사한 문화소로 대체하는 방법이다. 예를 들어 고개 숙여 인사한

다는 뜻의 일본어 '오지기お辞儀'를 서구권에서 익숙한 개념인 'bowing'으로 통번역할 수 있다.

- **설명을 덧붙인 차용어 전략** 출발 언어의 표현을 차용하면서 의미를 명확히 전달할 수 있도록 설명을 추가하는 방법이다. 예를 들어 꽃놀이를 뜻하는 일본어 '하나미花見'를 영어로 통번역할 때 'Hanami, the Japanese tradition of viewing cherry blossom'처럼 일본어를 그대로 차용하고 부연 설명을 추가할 수 있다.

이러한 전략들은 실제 연습을 통해 학습자들이 직접 적용할 수 있도록 하고, 구체적인 피드백을 제공하여 전략적 사고 능력을 키울 수 있도록 교육하여야 한다.

문화 간 소통 능력 강화 교육

통번역 교육 과정은 학습자의 원활한 문화 간 소통 능력을 기르는 데 중점을 두어야 한다. 이는 통번역사가 단순한 정보 전달자가 아닌, 문화적 조정자로서의 역할을 수행하여야 하기 때문이다. 이러한 교육 과정에는 문화적 차이를 존중하고 이해할 수 있는 다음과 같은 활동이 포함되어야 한다.

- **다문화 기반 대화법** 통번역사가 다양한 문화적 배경을 가진 사람들과 원활하게 소통할 수 있도록 훈련하는 과정이다. 예를

들어 아랍 문화권에서는 직설적인 표현을 피하고 우회적인 언어를 사용하여야 하는 경우가 많다. 따라서 "I disagree."라는 표현을 "I see your point, but I have a different perspective." 등으로 부드럽게 조정하는 연습이 필요하다.

- **문화적 충돌과 갈등 해결** 특정 문화에서 예민하게 받아들여질 수 있는 표현의 수정 방법을 훈련하는 과정이다. 예를 들어 아랍 문화권에서는 개가 부정적인 의미를 가질 수 있기 때문에 'faithful as a dog'와 같은 표현을 다른 방식으로 대체하는 것이 필요하다.
- **문화적 관점 수용 태도 교육** 학습자가 다양한 문화적 맥락을 이해하고 수용할 수 있도록 돕는 과정이다. 이를 위해 뉴스 기사나 사회적 이슈를 분석하여 서로 다른 문화에서 같은 사건이 어떻게 다르게 해석될 수 있는지를 탐구하도록 한다.

이러한 훈련 과정에는 단순히 언어적 기술을 넘어, 문화적 차이를 존중하고 이해할 수 있는 감수성을 키우는 활동이 포함되어야 한다. 다문화 기반의 대화법·문화적 충돌과 갈등의 해결 방법·다양한 문화적 관점을 수용하는 태도 등을 함께 교육함으로써, 통번역 학습자에게 다양한 문화적 맥락에서 효과적으로 소통할 수 있는 능력을 길러 줄 수 있어야 한다.

실무적 적용 능력 개발 교육

이론적 지식과 문화적 이해를 바탕으로 실제 통번역 상황에서 문화소를 효과적으로 다룰 수 있도록 실무적 적용 능력을 기르는 것도 중요하다. 이를 위해 교육 과정에서는 실습 중심의 교육 방식을 채택하는 것이 효과적이다.

- **전문 분야별 문화소 통번역 실습** 법률·의료·비즈니스 등 특정 분야에서 사용되는 문화소를 분석하고 통번역하는 실습이 필요하다. 예를 들어 '불법 감금에 대한 구제 명령'을 뜻하는 'habeas corpus'와 같은 법률 용어를 한국어로 통번역할 때, 이를 '인신 보호 영장'이라고 표현할지 혹은 여기에 부연 설명을 추가할지 통번역 학습자는 고민하고 결정할 수 있어야 한다.

실제 통번역 상황에서 문화소를
효과적으로 다루기 위해 실습 중심의
교육 방식을 채택하는 것이 효과적이다.

- **현장 적용 프로젝트** 실무적 경험을 쌓을 수 있도록 학습자가 실제 통번역 프로젝트에 참여하게 하는 것도 필요하다. 예를 들어 국제 학술지 논문의 초록을 번역하거나, 다국적 기업의 마케팅 자료를 번역하는 프로젝트를 진행할 수 있다.
- **역할극과 시뮬레이션** 문화소 통번역이 필요한 상황을 연출하여 훈련하는 방법이다. 예를 들어 외국인이 한국 병원에서 의료 서비스를 받을 때 통역하는 상황을 연출하여, 학습자가 의료 용어와 문화적 맥락을 고려하며 통역하도록 할 수 있다.

실습을 통해 다양한 출발 언어를 분석하고 통번역함으로써 학습자는 문화소를 식별하고, 문화적 차이를 고려한 통번역 수행 능력을 키울 수 있다. 특히 의료·법률 등 전문 분야의 문화소 통번역 실습을 통해 학습자는 더 구체적이고 실무적인 역량을 키울 수 있다. 이러한 능력을 키워 줄 수 있는 통번역 교육 과정에 대한 연구도 계속되어야 할 것이다.

주요 개념

구트의 번역 전략
• 직접 번역 전략   출발 텍스트의 문화적·언어적 특성을 최대한 보존
• 간접 번역 전략   출발 텍스트의 문화적 요소를 도착 문화의 관점에서 재해석

베이커의 문화소 통번역 전략과 방법
　　일반적인 단어 사용, 중립적인 단어 사용, 문화 대체어 사용, 차용어나 설명을 덧붙인 차용어 사용, 관련어를 사용해서 풀어 쓰기, 비관련어를 사용해서 풀어 쓰기, 생략, 삽화

아이세라의 문화소 통번역 전략
• 보존 전략   반복, 철자법이 적용, 언어 중심 통번역, 텍스트 외부 역주, 텍스트 내부 역주
• 대체 전략   동의어 사용, 제한적 일반화, 절대적 일반화, 자국어화, 삭제, 자율적 창작
• 추가 전략   보충, 희석, 치환

핵심 요약

1. 문화소 통번역 과정에서는 통번역사의 주관적 판단이 불가피하므로, 적절한 방법을 선택하기 위해 여러 연구자가 제시하는 문화소 통번역 전략을 학습하고 활용할 수 있어야 한다.
2. 통번역 학습자의 문화적 차이 이해와 효과적 조정을 위해 문화소에 대한 깊이 있는 이해 교육과 문화적 비등가성에 대한 극복 전략 교육, 문화 간 소통 능력 강화 교육 및 실무적 적용 능력 개발 교육 등이 필요하다.

전략 구상

1. 여러 학자의 문화소 통번역 전략과 방법을 정리하고 포스트에디팅에 적용할 방안을 탐색하여 보자.

_____

_____

_____

_____

_____

_____

2. 문화소 통번역에 대한 이론적 지식과 실무적 적용 능력을 키우기 위한 학습 방법에 대해 고찰하여 보자.

_____

_____

_____

_____

_____

_____

12 통번역의 경제학적 관점

 POINT!

- 통번역의 경제학적 관점을 이해하고 포스트 에디팅에 효과적으로 적용할 수 있다.
- 통번역상 거래 비용을 이해하고 경제성을 고려한 통번역의 실제를 구현할 수 있다.

통번역학은 오래 기간 출발 언어에 대한 충실도·독자의 반응·통번역사의 선택에 대해 깊이 있는 논의를 이어 왔다. 특히 20세기 번역 이론에서는 출발 텍스트를 보존하면서 독자가 쉽게 이해할 수 있는 번역을 어떻게 제공할지에 대한 다양한 접근법이 제시되었다. 나이다는 '역동적 등가'를 강조하며 독자가 도착 텍스트를 접했을 때 느끼는 반응을 중시하였고(1964), 뉴마크는 '의미적 번역'과 '소통적 번역'을 제안하며 출발 텍스트의 의미와 독자와의 소통 사이에서 균형을 찾으려 하였다(1981).

　1960~1970년대 나이다의 전통적 관점과 1980년대 뉴마크의 기능주의적 관점에 이어, 오스트레일리아의 번역학자 앤서니 핌 Anthony Pym은 통번역을 단순한 언어적 변환 작업이 아닌 협력과 협상의 과정으로 해석하는 경제적 관점을 새롭게 제시하였다(2010). 그리고 이를 신고전경제학의 '협상 이론 Bargaining Theory'을 통해 설명하면서 통번역을 출발 언어와 도착 언어 사이의 사회적 관계로,

● **의미적 번역**
도착 텍스트의 통사적·의미론적 제약 안에서 출발 텍스트의 문맥적 의미를 정확히 재현하려는 번역 방식이다.

● **소통적 번역**
도착 텍스트 독자가 출발 텍스트의 효과를 동일하게 경험할 수 있도록 번역하는 방식이다.

● **협상 이론**
협상에서 참여자들은 집단적 효용을 극대화하는 합의를 찾고자 한다고 주장하는 이론이다.

통번역 과정을 각 참여자의 이익을 극대화하기 위한 사회적 협력 과정으로 각각 규정하였다. 그는 여기에 '●게임 이론Game Theory'을 도입하여, 통번역을 거래 과정의 일환으로 보고 통번역에서 발생하는 여러 사회적 비용도 함께 설명하였다. 핌의 이러한 접근법은 통번역 과정이 다양한 주체들 간 상호 작용과 경제적 이익을 추구하는 과정임을 강조한다.

통번역을 사회적·문화적 상호 작용의 과정으로 해석하는 경제학적 접근은 통번역 과정을 비용과 보상이 발생하는 경제학적 거래로 간주하며, 이를 통해 통번역의 품질과 성공을 분석할 수 있다고 주장한다. 이 관점에서 통번역사는 의뢰인·도착 언어 사용자·출발 문화와 도착 문화 간 관계를 조정하며, 사회적·경제적 가치를 교환하는 경제적 행위자 역할을 수행하게 된다. 이때 통번역은 단순히 언어적 충실도나 도착 언어 사용자의 이해를 고려하는 행위를 넘어서서, 경제성을 가진 거래로서의 특성도 지니게 된다.

핌에 따르면 통번역사는 출발 언어를 전달하는 과정에서 작업에 투입되는 시간과 노력 및 도착 언어 사용자가 도착 언어를 이해하기 위해 기울이는 시간 등 일종의 '●거래 비용Transaction Cost'을 최소화하면서 통번역의 효과를 극대화하기 위해 노력하여야 한다. 즉, 도착 언어 사용자의 문화적 배경과 이해 수준, 출발 언어의 사용 목적에 따른 통번역사의 다양한 선택은 경제적 이익과 결부된다. 이와 같은 관점에서 볼 때 통번역은 사회적 자원의 투자와 그로 인한 경제적 결과를 고려한 복잡한 상호 작용으로, 성공적인 통번역은 작업

●게임 이론
개인이나 집단 등 여러 경제 주체가 상호 작용하는 전략적 상황에서 참가자들이 자신에게 최대 이익이 되는 결과를 추구한다는 이론이다.

●거래 비용
영국의 경제학자 로널드 해리 코스(Ronald Harry Coase)의 고전적 논의를 체계화한 경제학 용어로, 상품이나 서비스 등의 거래에 수반되는 비용을 칭한다. 이 비용에는 거래되는 대상의 가치뿐만 아니라, 정보 수집·협상·계약 이행·계약 조정 등 거래 전후에 발생되는 모든 비용이 포함된다.

으로 얻는 이익이 거래 비용을 넘어설 때 가능해진다.

핌의 경제학적 접근에서 무엇보다 중요하게 살펴봐야 할 요소는 도덕성과 통번역의 관계이다. 핌에 따르면 통번역 과정에는 경제성뿐만 아니라 도덕성 또한 상호 밀접하게 연관되어 있으므로, 통번역사는 경제적인 이익을 넘어서서 통번역의 윤리적인 측면 또한 함께 고려하여야 한다. 통번역사가 출발 언어를 얼마나 충실하게 전달할 것인가, 그리고 도착 언어 사용자가 그 메시지를 어떻게 받아들일 것인가에 대한 고민은 경제적 선택인 동시에 도덕적 선택이 된다.

핌의 현상 이론에서 또 하나 중요하게 살펴봐야 할 요소는 통번역이 문화 간 의사소통의 한 형태라는 점이다. 이 관점에서 볼 때 통번역은 서로 다른 문화 간 가치관·규범·관습 등이 공유되지 않는 상황에서 상호 이해를 증진하고 신뢰를 구축하여야 하는 과정이므로, 자연스럽게 추가적인 사회적·인지적 비용이 발생하게 된다. 핌은 이러한 거래 비용을 최소화하기 위해 통번역사가 문화적 차이를 극복하고, 출발 언어가 전달하고자 하는 메시지를 도착 언어 사용자

〈표 12-1〉 핌의 통번역에 대한 경제학적 접근

핵심 개념	내용
통번역 과정의 정의	게임 이론과 협상 이론을 통해 통번역을 협력과 협상의 과정으로 해석한다.
통번역사의 역할	사회적·경제적 가치를 교환하는 경제적 행위자로 역할을 한다.
통번역의 성공	효과적인 '거래 비용 관리'로 작업의 이익이 거래 비용을 넘어설 때 가능하다.
통번역의 윤리성	경제적 선택과 도덕적 선택은 밀접하게 연관되어 있으므로, 통번역사는 경제성과 윤리성을 동시에 고려하여야 한다.

에게 정확히 전달하기 위해 노력하여야 한다고 강조한다. 그리하여 통번역사는 설명 번역이나 자국화와 같은 전략을 사용하여 의사소통 과정에서 혼란을 줄이고 작업의 효과를 높이려 한다. 핌은 이러한 '거래 비용의 관리'가 통번역의 성공과 실패를 결정짓는 중요한 요소가 된다고 설명한다.

01
통번역과 거래 비용

핌에 따르면 통번역은 단순한 언어 변환의 과정이 아니라 협력적 투자와 유사한 경제적 관계 속에서 이루어지는 협상의 과정이다. 통번역사는 출발 언어의 의미를 효과적으로 전달하는 과정에서 다양한 선택을 하여야 하며, 이 과정에서 발생하는 비용과 이익을 조정하는 전략이 필요하다. 이때 거래 비용의 개념을 적용하면, 통번역 과정에서 발생하는 경제적·시간적·인지적 비용을 분석하고 최적의 통번역 방식을 결정하는 데 도움이 된다.

협력적 투자의 경제학

각자 보유한 10달러로 투자 방법을 고민하던 A와 B는 고민 끝에 이 자금을 펀드에 투자하여 수익을 얻고자 하였다. 이때 공동 펀드의 수익이 개별 펀드의 수익보다 높은 30%라고 가정할 경우, A와

B는 자금의 일부를 공동 펀드에 투자하는 협력을 꾀할 것이다(공동 펀드의 총 수익은 절반씩 나누는 것을 전제한다).

- **상황 1** 우선 A와 B는 각각 5달러씩 출자하여 공동 펀드에 투자하기로 합의하였다. 이때 공동 펀드의 수익은 [(5+5)+{(5+5)×30%}]로서, A와 B는 각각 6.5달러의 수익을 확보하게 되는 셈이다. 개별적으로 투자하는 것보다 공동 펀드에 투자하는 것이 더 높은 이익을 낸다는 가정이므로, 출자 비율을 유지한다면 두 사람의 공동 펀드는 계속 유지될 수 있다.

- **상황 2** 사회생활을 하다 보면 언제나 더 많은 이익을 추구하는 사람이 있기 마련이고, 이로 인해 상황의 변화가 발생할 수 있다. 예를 들어 B에게 투자 금액을 줄이면서도 높은 수익률을 추구하고자 하는 심리적 변화가 생겼다고 가정해 보자. B는 3달러만 투자하고 A는 계속 5달러를 투자할 경우 공동 펀드의 수익은 [(5+3)+{(5+3)×30%}]로서, A와 B는 각각 5.2달러의 수익을 얻게 된다. 여기에 보유 자금을 더하면 A와 B는 각각 10.2달러와 12.2달러를 확보하게 된다. 비록 양쪽의 투자 비용에는 차이가 있지만 여전히 두 사람에게 이익을 가져다주기 때문에 협력은 지속될 수도 있다. 이러한 협력 방식은 사회에서 부의 재분배를 설명하는 기본 모델에도 부합한다.

- **상황 3** 사회적으로 볼 때 투자의 목표는 이윤의 최대화이므로 모든 방법을 동원하여 투자를 줄이고 높은 이익을 추구하

고자 하는 사람이 있을 수 있다. 예를 들어 B가 계속 투자를 줄여 2달러만 투자하고 A는 여전히 5달러를 투자한다고 하면, 이때 공동 펀드의 수익은 [(5+2)+{(5+2)×30%}], 즉 9.1달러가 되어 각자 4.55달러씩 나누게 된다. 이를 보유 자본과 더하면 A와 B의 확보 자금은 각각 9.55달러와 12.55달러로, B는 비교적 높은 이익을 취하지만 A는 투자 손실을 보게 된다.

〈표 12-2〉 상황별 투자자의 투자금과 실제 수익 비교

유형	투자금액		실제 수익	
	A	B	A	B
상황1	5	5	(6.5−5)=1.5	(6.5−5)=1.5
상황2	5	3	(5.2−5)=0.2	(5.2−3)=2.2
상황3	5	2	(4.55−5)=−0.45	(4.55−2)=2.55

이제 A는 이성적인 판단하에 B와 협력하지 않거나 다른 사람과 협력하고자 할 수 있다. 왜냐하면 B의 행위로 인해 이 공동 펀드는 B만 실제 수익을 취하는 거래로 변질되었기 때문이다.

협력적 거래의 경제적 이해

협력적 거래에서 발생하는 경제적 이익은 개인이나 집단 간 협력을 통해 공동의 목표를 달성하려는 의도에서 비롯된다. 그리고 협력적 과정에서 발생하는 거래 비용에는 사회적 관계 속 정보 수집과

AI 시대 통번역의 포스트에디팅 전략

협상 및 결정 비용이 포함된다. 앞서 예로 든 A와 B의 공동 펀드 투자 사례는 협력을 통해 양측이 이익을 볼 수 있을 때라도 투자 비율의 불균형이 발생할 경우 협력이 지속되기 어려움을 보여 준다.

　*WTO(World Trade Organization, 세계 무역 기구)의 가입과 *FTA(Free Trade Agreement, 자유 무역 협정)의 체결은 공동의 경제적 이익을 위한 국가 간 협력의 형태이다. 이러한 국가 간 협력의 예를 통해 거래 비용의 개념을 국제적 차원으로 확장하여 이해할 수 있다. 개인이나 집단 간 협력에서도 정보의 수집과 예측은 필수적이며 이 과정에서 발생하는 비용, 즉 거래 비용은 협력의 효율성과 가능성에 영향을 미친다. 이처럼 정보 수집 비용과 협력 과정에서의 노력은 협력 후 얻을 수 있는 이익과 비교하여, 거래 비용이 예상 이익을 초과할 경우 협력은 이루어지지 않을 수도 있음을 이해하여야 한다.

　실제 사회적 활동 안에서 거래 비용이 없는 협력 상황은 불가능하다. 사회는 불확실성이 존재하는 곳이며, 사람들은 자신의 이익을 최대화하기 위해 협력자를 변경할 수 있다. 거래 비용은 협력 과정에서 불가피하게 발생하게 되므로 협력의 지속성과 신뢰 구축을 위해서는 거래 비용을 최소화하려는 노력이 필요하다.

　핌의 협상 이론은 통번역 과정을 이와 같은 사회적 거래의 한 형태로 보고, 통번역이 성공적으로 이루어지기 위해서는 통번역사와 도착 언어 사용자 간 협력과 상호 이익의 극대화가 중요하다고 강조한다. 통번역 과정에서의 거래 비용은 통번역사의 전환을 위한 노력과 도착 언어 사용자의 도착 언어를 이해하려는 노력으로 구성되

●WTO
1995년에 출범한 범세계적 자유 무역 기구로, 무역 규범에 근거하여 자유화를 통한 세계 경제의 발전을 목적으로 한다.

●FTA
국가 간 수출입 관세와 무역 장벽을 제거하여 배타적인 무역 특혜를 상호에게 부여하는 협정이다.

며, 이 비용은 통번역 행위의 효율성과 품질에 영향을 미친다.

이와 같은 통번역의 경제학적 접근은 통번역 과정에서의 선택과 결정이 언어적 전환을 넘어서서 경제적 이해관계와 밀접하게 연결되어 있음을 설명해 준다. 이를 통해 통번역사는 거래 비용을 최소화하고 최적의 통번역 전략을 선택하여, 통번역사인 자신과 도착 언어 사용자에게 최대 이익을 제공할 수 있는 작업을 목표하여야 함을 이해할 수 있다.

거래 비용과 통번역사의 보상

거래 비용은 앞서 언급한 바와 같이 통번역 과정에서 발생하는 다양한 사회적·문화적 비용을 포함하고 있다. 이에는 지식 수집과 분석 후 이를 적절한 도착 언어로 변환하는 과정에서 발생하는 시간적·경제적·인지적 자원도 포함된다. 예를 들어 출발 언어에 담긴 문화적 맥락을 이해하기 위해 추가적인 연구를 수행하거나 복잡한 개념을 도착 언어로 명확하게 전달하기 위해 쏟는 많은 노력 또한 중요한 거래 비용이다.

통번역 과정에서 거래 비용을 줄이기 위해서는 효율적인 정보 수집과 처리가 필수적이다. 통번역사는 출발 언어에 대해 완벽히 이해하여야 할 뿐만 아니라, 도착 언어 사용자의 문화적 배경과 기대를 고려하여 최적의 작업을 만들어 낼 수 있어야 한다.

통번역사는 통번역 과정에서 다양한 거래 비용을 감수하는 대신, 통번역의 완성을 통해서 그에 상응하는 보상을 기대한다. 이때 단순한 경제적 이익뿐만 아니라 도덕적 만족감, 통번역사로서의 성취감, 사회적 네트워크의 확장, 더 나은 기회로의 진입(사회적 성장) 등도 중요한 보상에 속한다. 통번역사는 사회적 가치를 창출하고 문화 간 소통을 돕는 중요한 역할을 수행하기 때문에, 경제적 보상 외에도 이와 같은 비물질적 보상을 통해 동기를 부여받는다. 그런데 보상이 무한정으로 늘어날 수 없으므로, 통번역사는 투입된 노력과 그로부터 얻을 수 있는 보상 사이에서 적절한 균형을 찾고자 노력할 수밖에 없다.

이를 위해 통번역사는 "어떻게 통번역할 것인가?"라는 질문을 지속적으로 던지며, 통번역의 질과 효율성을 높일 방안을 모색하여야 한다. 예를 들어 통번역사가 특정 분야에 대한 전문 지식을 사전에 충분히 쌓아 놓으면 그와 관련된 작업에서 필요한 정보를 빠르게 처리할 수 있다. 이를 통해 해당 작업의 거래 비용을 줄일 수 있고, 효율성도 높일 수 있다.

통번역 과정에서의 거래 비용은 통번역사가 어떻게 정보를 처리하고 통번역을 수행하며 이 결과를 어떻게 전달할지에 따라 달라진다. 통번역사는 이 과정에서 최적의 통번역 전략을 선택하여 거래 비용을 최소화하고, 동시에 자신의 노력에 대한 최대한의 보상을 얻어야 한다.

문학 번역과 경제성

문학 번역은 번역 텍스트의 다양한 장르 중에서도 가장 복잡한 과정을 요구하며, 이 과정에서 번역사의 행위와 선택 및 전략이 작업의 질에 중요한 영향을 미친다. 실제로 문학 작품은 단순한 언어적 표현 이상의 깊이 있는 문화적 요소를 포함하고 있다. 이러한 요소들은 가치관·이데올로기·종교·사유 방식 등을 포함하므로, 다양한 문화적 요소를 도착 문화에 맞게 적절히 전환하여 번역하는 것은 문학 번역사에게 주어지는 가장 큰 과제라고 할 수 있다.

이 과정에서 번역사는 도착 텍스트 독자가 좀 더 쉽게 이해하고 수용할 수 있는 방식으로 출발 문화의 요소를 전달하기 위해 다양한 전략과 방법을 선택하게 된다. 예를 들어 번역사는 출발 텍스트에 담긴 문화적 요소를 그대로 옮긴 후 설명을 덧붙여 문화소를 설명하거나, 그 의미를 일반화한 어휘로 교체하거나, 그것을 도착 문화의 유사한 요소로 대체할 수도 있다.

번역 방법의 선택은 번역된 문학 작품의 질에 직접적인 영향을 미치며, 이는 번역사의 전문성과 개별적인 접근 방식에 따라 다르

다양한 문화적 요소를 도착 문화에 맞게 적절히 전환하여 번역하는 것은 문학 번역사에게 주어지는 가장 큰 과제라고 할 수 있다.

AI 시대 통번역의 포스트에디팅 전략

게 나타날 수 있다. 예를 들어 •중국 소설에서 사용되는 방언이나 특유의 문화소는 도착 언어에서 정확히 대응되는 표현을 찾기 불가능하다. 이런 상황에서 번역사는 해당 문화소를 적절히 번역하기 위해 다양한 방법을 고민한다. 이때 번역사의 '노력'이라는 비용은 시간적·금전적·정신적 영역에서 발생하며, 문학 번역의 품질을 결정하는 중요한 요소로 작용한다.

경제성의 원칙은 문학 번역뿐만 아니라 모든 텍스트의 번역에서 적용될 수 있는 보편적인 원칙이다. 번역사는 경제성이 있는 번역 결과에 도달하기 위해 최적의 비용과 효과의 균형점을 찾으려 노력하여야 한다.

02
통번역의 정보 전달 비용과 정보 처리 비용

통번역 과정에서 정보는 언어적으로 변환되는 것이 아니라 문화적 맥락과 사회적 배경을 반영하여 조정되며, 이 과정에서 발생할 수 있는 정보의 손실과 변형을 최소화하는 것이 통번역사의 핵심 역할이다. 그러나 모든 정보를 온전하게 전달하는 것이 항상 좋은 방법인 것은 아니다. 효율적인 통번역을 위해서는 정보 전달 비용과 정보 처리 비용을 적절하게 조절할 필요가 있다.

정보 전달 비용과 정보 처리 비용에는 통번역사가 출발 언어를

•중국 문학에서 발견되는 특유의 문화소
예를 들어 중국 남부에서는 친근한 느낌을 내기 위해 상대방 이름의 마지막 글자 앞에 '阿[a]'를 붙여 부르는 호칭법이 있는데, 이는 다른 언어로 정확히 대응하기 어려운 문화소이다.

분석하고 도착 언어로 재구성하는 과정에서 발생되는 경제적·인지적 비용이 포함된다. 이는 통번역 과정상 통번역사의 결정과 연관되며, 통번역의 난이도·출발 언어와 도착 언어 간 문화적 차이·독자의 기대 수준 등에 따라 달라진다. 따라서 효율적인 통번역을 위해서는 최소한의 비용으로 최대한의 의미를 전달할 수 있는 전략과 방법을 세울 수 있어야 한다.

통번역 행위로서의 정보 전달 비용

통번역 과정에서 정보 전달 비용은 통번역사가 출발 언어의 내용을 정확하게 파악하고, 이를 도착 언어 사용자에게 적절히 전달하기 위해 투입하는 시간과 노력, 인지적 자원을 말한다. 그러므로 정보 전달 비용은 출발 언어의 복잡성·문화적 차이·도착 언어 사용자의 이해 수준에 따라 달라진다.

통번역사가 출발 언어의 의미를 정확하게 파악하고 도착 언어 사용자가 쉽게 이해할 수 있도록 최적의 방법을 찾고자 노력하는 과정은 작업의 질을 결정하는 중요한 요소이다. 이는 통번역사의 전문성과 창의성에 크게 좌우된다. 이 과정에서 모든 의미를 전달하려는 과도한 노력은 오히려 과잉 번역의 위험을 초래할 수 있다. 과잉 번역은 도착 언어 사용자에게 혼란을 일으키거나 도착 언어의 흐름을 방해해 통번역의 질을 저하시키는 원인이 된다. 또 특정 문화적 참조나 관용구에 대응하는 직접적 표현이 도착 문화에 없는 경우, 잘못된 정보를 선택하거나 필요 이상의 부연 설명을 제공하면 오히려 도착 언어 사용자의 이해를 방해할 수 있다.

이러한 혼란을 막기 위해 통번역사는 각 문맥에 적합한 전략과 방법을 사용하여 정보 전달에 필요한 비용을 최소화하여야 한다. 또 통번역 작업의 품질은 통번역사가 얼마나 효율적으로 정보를 전달하는지에 따라 결정되므로, 통번역사는 문화적 배경을 고려하여 의미를 명확하게 전달하면서도 불필요한 정보를 배제할 수 있는 능력을 발휘하여야 한다.

통번역의 안성을 위한 정보 처리 비용

통번역 과정에서 정보 처리 비용은 통번역사가 출발 언어에서 얻은 정보를 도착 문화에 맞게 언어·문화적 전환을 시도하는 데 소요되는 시간·노력·인지적 자원을 의미한다. 이러한 정보 처리 비용은 출발 언어의 의미를 도착 언어 사용자가 이해하고 공감할 수 있도록 적절히 표현하는 과정에서 발생한다. 이 과정에서 통번역사는 출발 언어의 의미를 어떻게 재현할지에 대한 복잡한 결정과 선택을 하게 되고, 이는 통번역의 품질에 결정적인 영향을 미친다.

정보 처리 비용은 주로 출발 언어에 등장하는 문화적 참조나 비속어 같은 표현을 도착 문화에 맞게 처리하는 과정에서 발생한다. 예를 들어 출발 언어의 특정 비속어가 도착 문화에 적절히 대응하지 않는 경우, 통번역사는 이를 직역할지 더 수용 가능한 표현으로 대체할지 고민하여야 한다. 이러한 의사 결정 과정에서 통번역사는 도착 언어 사용자가 이해할 수 있도록 정보를 재구성하는 역할을 수행하게 되는데, 그 과정에서 발생하는 모든 비용이 정보 처리 비용에 해당한다.

이 과정에서는 문화적 참조를 어떻게 다루느냐에 따라 통번역의 질이 달라질 수 있다. 통번역사는 직역을 통해 출발 언어의 맥락을 그대로 전달할 수도 있지만, 도착 언어 사용자가 해당 표현을 이해하지 못할 경우 표현을 대체하거나 정보 삽입을 통해 부연 설명을 제공하기도 한다. 이러한 결정 과정에서 통번역사는 효율적인 전략과 방법을 찾아야 하며, 그 과정에서 발생하는 비용을 최소화하는 것이 매우 중요하다. 통번역사가 출발 언어의 복잡한 요소를 처리하는 데 과도한 시간이나 자원을 투입하면 작업 과정의 전반적인 비용이 증가할 수밖에 없다. 따라서 통번역사는 적절한 작업 전략과 방법을 통해 정보 처리 비용을 효율적으로 관리하여야 한다.

정보 처리 비용을 결정하는 주요한 요소로 빼놓을 수 없는 것이 통번역사의 전문성과 경험이다. 경험이 많은 통번역사는 출발 언어와 도착 언어의 문화적 차이를 빠르게 파악하고 이를 적절히 전환하는 데 능숙해서, 정보 처리 비용을 최소화하면서도 작업의 품질을 극대화할 수 있다. 또 출발 언어에 등장하는 복잡한 문화적 요소를 자연스럽게 전달하는 데에는 통번역사의 창의성도 필요하다. 이처럼 통번역사의 문화적 이해 능력·전문성·창의성은 정보 처리 비용을 관리하고 통번역의 성공을 결정하는 중요한 요소가 된다.

통번역 과정에서의 정보 처리 비용은 통번역사가 출발 언어의 의미를 도착 언어로 어떻게 재현할 것인가를 결정하는 데 발생하는 중요한 행위 비용이다. 그러므로 통번역사는 출발 언어와 도착 언어 간 문화적 차이를 미리 고려하여 적절한 표현을 선택하고 작업의 가독성과 품질을 높이기 위해 노력하여야 한다. 이처럼 정보 처리 비용을 효율적으로 관리하고 작업의 품질을 극대화하기 위한 합리적인 전략과 방법을 찾는 것은 결국 AI 번역이 흉내 낼 수 없는 통번역사의 전문성과 역량에 달려 있다.

〈표 12-3〉 통번역의 정보 전달 비용과 정보 처리 비용

	정보 전달 비용	정보 처리 비용
정의	• 출발 언어의 내용을 도착 언어 사용자에게 전달하는 데 소요되는 시간·노력·인지적 자원	• 출발 언어의 정보를 도착 문화에 맞게 변환하는 데 소요되는 시간·노력·인지적 자원
비용 발생 과정	• 출발 언어의 의미를 정확히 전달하는 과정	• 출발 언어의 의미를 도착 문화에 맞게 재현하는 과정
비용 발생 원인	• 출발 언어의 복잡성, 문화적 차이, 도착 언어 사용자의 이해 수준 등	• 출발 언어의 문화적 참조, 비속어, 직역 불가능한 표현 등
최적화 방법	• 문맥에 적합한 방법을 사용 • 불필요한 정보를 배제	• 적절한 작업 방법을 수립 • 문화적 차이를 효율적으로 해결
통번역사의 역할	• 출발 언어의 문화적 배경을 고려하여 효율적으로 정보 전달	• 문화적 이해를 바탕으로 창의적이고 전문적으로 표현

주요 개념

통번역학에 대한 경제학적 접근

· 핌의 협상 이론　통번역을 출발 언어와 도착 언어 사이의 사회적 관계로 보고, 통번역 과정을 각 참여자의 이익을 극대화하기 위한 사회적 협력 과정이자 거래 과정으로 규정한다.

· 통번역의 거래 비용　통번역 과정에서 발생하는 다양한 사회적·문화적 비용과 시간적·경제적·인지적 자원을 포함한다.

· 통번역의 정보 전달 비용　통번역사가 출발 언어의 내용을 정확하게 파악하고 이를 도착 언어 사용자에게 적절히 전달하기 위해 투입하는 시간과 노력, 인지적 자원을 의미한다.

· 통번역의 정보 처리 비용　출발 언어에서 얻은 정보를 도착 언어와 문화에 맞게 언어적·문화적 전환을 시도하는 데 소요되는 시간과 노력, 인지적 자원을 의미한다.

핵심 요약

1. 작업 과정에서의 거래 비용은 통번역사가 정보를 처리하고 통번역을 수행하며 결과를 전달하는 방식에 따라 달라진다.

2. 정보 처리 비용을 효율적으로 관리하고 작업의 품질을 극대화하기 위한 합리적인 전략과 방법을 찾는 것은 결국 통번역사의 전문성과 역량에 달려 있다.

전략 구상

1. 통번역의 경제학적 관점에서 주요한 요소를 분석하고, 이를 포스트에디팅 실무에 적용할 방법을 생각하여 보자.

13

문화적
거리와
창의적
중개자

 POINT!

- 통번역상 문화적 거리의 개념을 이해하고 창의적 중개자로서 효과적인 포스트에디팅을 할 수 있다.
- 창의적 중재자로서의 통번역사 양성 교육법에 다각적으로 접근할 수 있다.

문화는 역사·전통·사회적 규범·가치관 등 다양한 요소로 구성된 복합적인 개념이다. 통번역은 언어적 변환뿐만 아니라 문화적 요소를 적절하게 조정하고 전달하는 행위이므로, 이 과정에서 통번역사는 서로 다른 문화 간 의사소통을 원활하게 이끄는 '문화적 조정자'로 역할하게 된다. 이 역할의 성공적 수행을 위해 반드시 이해하여야 할 요소가 바로 '문화적 거리Cultural Distance'라는 개념이다. 문화적 거리는 네덜란드의 문화 인류학자 헤이르트 호프스테데Geert Hofstede가 제시한 *문화 차원 이론Culture Dimensions Theory에서 확장된 개념으로, 다른 문화 사이에서 나타나는 문화적 차이 또는 간극을 말한다(1980). 일상생활에서는 동일한 문화적 배경을 가진 사람들과 소통하는 경우가 많아 문화적 거리를 인식하기 쉽지 않다. 그러나 서로 다른 문화 간 소통이 필요할 때 문화적 거리는 분명히 드러나며, 이는 통번역 과정에서 매우 중요한 요소로 작용한다.

통번역상 문화적 거리는 출발 언어와 도착 언어 간 언어적 차이

● **문화 차원 이론**
각 국가의 문화를 정량적으로 계측하여 문화가 그 사회 구성원의 가치관에 끼치는 영향을 분석하고, 가치관과 행동의 연관성에 대해 탐구한 이론이다.

뿐만 아니라 각 문화가 가진 역사·전통·제도와 같은 고유한 요소의 차이에 의해서도 발생하여, 이를 제대로 인식하지 못하면 특정 문화에서 통용되는 인사말이나 관용구 등을 제대로 전달할 수 없게 된다. 예를 들어 한국어의 "고생 많으셨습니다."라는 표현은 상대방의 노고를 인정하고 격려하는 의미가 강하지만, 영어로 옮길 때는 이에 정확히 대응하는 표현이 없어 "You worked hard." 또는 "Good job."처럼 문맥에 따라 다르게 통번역하여야 한다. 이처럼 문화적 배경을 고려하지 않으면 의미가 왜곡될 수 있어, 통번역상 문화적 거리를 조정하는 과정은 필수적이다.

통번역사가 문화적 거리를 이해하고 반영하는 능력은 작업의 품질에도 직접적인 영향을 미친다. 예를 들어 출발 문화에서만 사용되는 특정 표현이나 문화소 등이 별다른 정보 없이 통번역될 경우, 도착 언어 사용자는 이를 이해하는 데 불필요한 노력을 기울여야 한다. 따라서 통번역사는 출발 언어의 의미를 보존하면서도 도착 언어 사용자가 쉽게 이해하고 수용할 수 있도록 반드시 표현을 조정하여야 한다.

통번역 과정에서 문화적 거리를 조정하는 전략으로는 다음 두 가지 방법이 대표적이다.

- **자국화 전략**   도착 언어 사용자에게 익숙한 방식으로 출발 문화를 조정하는 방법이다. 미국의 'Thanksgiving'을 한국어로 옮길 때 '추석'이라고 통번역하는 것이 그 예이다.

- **이국화 전략** 출발 언어의 독특한 문화를 유지하면서 도착 언어 사용자가 새로운 문화를 접하도록 하는 방법이다. '김치'와 같은 한국 문화의 고유 개념을 영어로 옮길 때 그대로 차용하여 'kimchi'라고 통번역하는 것이 그 예이다.

01
문화적 거리에 대한 연구

통번역 과정에서의 문화적 거리는 1990년대 이후 많은 학자의 관심을 받아 왔다. 이들은 문화 간 차이로 인해 발생하는 통번역의 어려움을 인식하고 이를 극복하기 위해 다양한 이론과 방법을 제시하였다.

통번역 과정에서의 문화적 거리 연구를 넓게 살펴보면 나이다의 연구에서 그 시초를 발견할 수 있다. 그는 통번역학에 문화적 차이의 개념을 처음으로 소개하여, 통번역에서 문화의 중요성을 강조하였다. 이후 라이스와 페어메어는 기능주의를 대표하는 스코포스 이론을 통해 통번역의 목적과 문화적 차이에 대한 분석을 시도하였다. 노드는 통번역사가 문화적 간극을 메우는 중재자 역할을 수행하여야 함을 강조하면서 문화적 거리를 조정하는 구체적인 방법을 제시하였다.

나이다의 연구

현대적인 개념의 문화적 거리를 직접 언급하지는 않았지만, 나이다는 1964년《Toward a Science of Translating》을 통해 통번역 과정에서 문화적 요소의 중요성을 강조하여 그 시초를 발견케 하였다. 그는 '문화적 불일치 Cultural Discrepancies', '문화적 다양성 Cultural Diversity', '문화적 차이 Cultural Gap' 등의 용어를 도입해서 문화가 통번역에 미치는 영향을 체계적으로 분석하였다.

나이다는 언어를 단순한 기호 체계가 아니라 문화의 산물로, 통번역을 단순한 언어적 전환이 아닌 문화적 맥락을 전달하는 행위로 정리하였다. 또 그는 통번역 과정에서 문화적 차이로 인해 발생하는 문제를 해결하고 출발 언어의 의미와 효과를 도착 문화에 적합하게 전달하기 위해 '등가'의 개념을 제시하였으며, 이를 '형식적 등가'와 '역동적 등가'로 세분화하였다. 형식적 등가는 출발 언어의 형식과 내용을 그대로 유지하는 것을 목표로 하며, 역동적 등가는 출발 언어가 전달하고자 하는 메시지와 효과를 도착 언어 사용자에게 전달하는 것을 중요하게 본다. 나이다는 이러한 전략을 성공적으로 수행하기 위해 통번역사의 문화적 해석 능력을 강조하였다.

라이스와 페어메어의 연구

라이스와 페어메어는 1984년《Groundwork for a General Theory of Translation》에서 스코포스 이론을 제시하며 통번역의 목적과 텍스트의 기능에 따른 접근법을 강조하였다. 그들은 '텍스트

● 나이다의 등가
나이다는 단어의 의미나 형태가 완전하게 똑같은 언어는 존재하지 않으므로 출발 언어와 통번역 과정을 거친 도착 언어가 완전히 동등할 수는 없다고 주장하였다. 그는 완벽한 동등성 확보가 불가능하다면 가장 가까운 의미, 즉 등가를 갖춰야 한다고 설명하고, 이를 형식적 등가와 역동적 등가의 두 가지로 나누어 제시하였다.

AI 시대 통번역의 포스트에디팅 전략

생산자Producer'와 '출발 텍스트 수신자', '통번역사'와 '도착 텍스트 수신자' 사이의 정보 차이에 주목하였다. 여기에서 문화적 차이는 정보 전달 과정의 중요한 변수로 작용하며, 통번역사는 이러한 차이를 고려해서 통번역 전략을 수립하여야 한다.

스코포스 이론에 따르면 통번역은 그 목적에 따라 수행되어야 하며 통번역의 기능이 무엇인지에 따라 방법과 전략이 달라질 수 있다. 이는 문화적 거리가 통번역사의 결정에 직접적인 영향을 미침을 뜻한다. 라이스와 페어메어는 통번역사가 출발 문화와 도착 문화의 차이를 인식하고 도착 텍스트 수신자의 문화적 배경에 맞게 텍스트를 조정하여야 한다고 강조하였다. 그리고 이를 통해 통번역 과정에서 문화적 오해나 의사소통의 오류를 방지할 수 있다며 그 중요성을 설명하였다.

노드의 연구

노드는 1997년《Translating as a Purposeful Activity》에서 통번역사가 발신자와 수신자 사이의 문화적 간극을 메우는 중재자로 역할하여야 한다고 주장하고, 스코포스 이론을 바탕으로 문화적 거리를 조정하는 전략으로 다음 세 가지를 제시하였다.

• **문화적 거리 최소화** 출발 문화를 도착 문화에 맞추어 조정하는 방식으로, 자국화 전략과 유사하다. 이를 통해 도착 언어 사용자는 출발 문화에 대한 배경지식이 없어도 자연스럽게 그

● **기록적 통번역**
주로 사료나 문학 작품
등 출발 언어 자체의 가
치가 중요한 경우에 사
용된다.

● **도구적 통번역**
주로 기술 문서나 법률
문서 등의 번역에 사용
된다.

내용을 이해할 수 있게 된다.

• **문화적 거리 유지**　출발 언어의 문화적 요소를 최대한 보존하
며 통번역하는 방식으로, 이국화 전략과 연계된다. 이 접근법
은 도착 언어 사용자가 새로운 문화적 개념을 경험하도록 유
도하는 효과를 가진다.

• **문화적 거리 강조**　특정 문화적 요소를 강조하여 출발 언어의
이질성을 부각하는 방식으로, 문학 번역이나 특정한 맥락에서
출발 언어의 독창성을 유지하는 데 사용된다.

노드는 이후 '●기록적 통번역Documentary Translation'과 '●도구적 통
번역Instrumental Translation'을 구분하여 통번역의 목적에 따른 문화적
요소 처리에 대한 구체적인 방법론을 제시하였다(1997). 여기에서
기록적 통번역은 출발 언어의 문화적 특성을 그대로 유지하는 데
초점을 맞추는 것을 말하고, 도구적 통번역은 도착 언어 사용자의

〈표 13-1〉 다양한 문화적 거리 연구

대표 학자	내용
나이다	• '문화적 불일치'·'문화적 다양성'·'문화적 차이' 등 용어 제시
라이스와 페어메어	• '텍스트 생산자'와 '출발 텍스트 수신자', '통번역사'와 '도착 텍스트 수신자' 간 정보 차이에 주목
노드	• 스코포스 이론을 바탕으로 '문화적 거리'의 세 가지 가능성을 제시 • '기록적 통번역'과 '도구적 통번역'을 구분하여 통번역의 목적에 따른 문화적 요소 처리에 대한 구체적인 방법론을 제시 • '문화적 차이'를 극복하기 위한 방법론을 제시

이해를 돕기 위해 문화적 요소를 조정하거나 변형하는 것을 말한다.

노드는 '문화적 차이'를 더욱 심층적으로 분석하여, 통번역사가 문화 간 이해를 증진시키는 과정에서 문화적 거리는 핵심적인 역할을 한다고 다시 한번 강조하였다(2005). 그녀는 통번역사가 문화적 차이를 인식하고 이를 적절히 조정하여야만 효과적인 의사소통을 달성할 수 있다고 보았다. 이에 따르면 통번역사는 문화 간 차이를 분석하고 통번역 전략을 수립하며, 문화적 중립성을 유지하면서도 도착 언어 사용자의 문화적 기대에 부응하여야 한다.

02
통번역과 창의적 중개자

문화적 거리와 창의적 중개자

문화적 거리는 다른 민족이나 국가 간 경계에서뿐만 아니라 같은 사회나 조직 내에서도 발견할 수 있는 보편적 개념이다. 예를 들어 한 조직 내에서도 부서 간 업무 스타일·의사소통 방식·가치관 등이 다를 수 있으며, 이를 조직 내 문화적 거리로 설명할 수 있다. 이러한 문화적 거리는 각 공동체나 집단이 공유하는 가치관·전통·관습·신념 등에서 찾아볼 수 있는 문화적 차이에서 기인하며, 차이를 드러내는 이러한 요소들은 특정 공동체의 독특한 문화적 정체성을 형성한다. 대학에서는 학문적 전통과 제도적 특성이 각 학과나 전공

마다 다르게 나타나고, 기업에서는 경영 철학과 조직 문화에 따라 부서나 팀 내 문화가 형성된다. 이러한 조직 내 문화적 실체는 구성원 간 문화적 거리를 형성하며, 같은 지역적 범위에 있음에도 불구하고 서로의 이해를 방해할 수 있다.

문화적 거리가 같은 사회나 조직 내에서도 발견될 수 있는 만큼, 다른 문화 간 그 존재는 더욱 두드러진다. 이중 언어적 표현은 문화적 거리를 쉽게 확인시켜 주는 요소이다. 각기 다른 언어는 그 사회의 문화적 특성을 반영하는 그릇과도 같아서, 동일한 표현이 다른 문화권에서는 다른 의미로 받아들여질 수 있다. 예를 들어 영어·중국어·한국어의 인사말을 비교해 보면, 각 언어의 인사말이 해당 문화권의 가치관과 인간관계에 대한 태도를 어떻게 반영하고 있는지 알 수 있다. 영어의 "How are you?"라는 인사말은 일반적인 안부 표현으로, 상대방의 건강 상태에 대한 깊은 관심을 나타내지 않는다. 중국어의 "你好吗[Nǐ hǎo ma]?"도 표면적으로는 이와 비슷하여, 존재를 확인하는 인사 또는 단순한 안부를 묻는 것으로 사용되어 이에 대한 답변 역시 간단한 수준에서 서로의 존재를 확인하는 것으로 끝난다. 한편 한국어의 인사말 중 "잘 지냈어요?"는 "안녕하세요?"와 달리 좀 더 개인적이고 친밀한 상황에서 사용되어, 단순한 존재 확인을 넘어서서 구체적인 대답이 필요한 맥락을 형성한다.

언어적 표현뿐 아니라 각 사회의 가치관과 사회적 관계를 반영하는 예술적 표현이나 사회적 의례를 이해하지 못하면 문화적 거리는 더욱 멀어질 수밖에 없다. 서양 문화권에서 흔히 다루는 그리스·로

마 신화가 동양 문화권에서 상대적으로 낯선 것이 그 예이다. 이로 인해 동양 문화권 독자는 서양 문학에 자주 등장하는 신화적 상징이나 은유를 충분히 이해하지 못할 수 있으며, 관련된 문맥을 온전히 파악하지 못할 수도 있다. 역으로, 유교적 전통이 강한 동아시아권의 경로사상과 가족 문화를 서구권 독자가 제대로 이해하기 어려울 수 있다. 이처럼 문화적 거리는 언어적 차이뿐만 아니라 역사적·철학적·사상적 차이에서도 발생한다.

지금까지 통번역사는 문화적 거리를 줄이고 출발 언어와 도착 언어 간 언어적 문화적 전환을 수행하기 위한 중재자로서의 역할을 수행해 왔다. 그런데 글로벌화된 현대 사회에서는 다양한 문화적 배경을 가진 사람들 간 상호 작용이 빈번해져 문화적 다양성이 더욱 중요해지고 있다. 또 AI 번역의 등장으로 통번역사는 문화적 배경을 더 깊이 이해하고 창조적인 해석을 더하여야 하는 협력적 관계에 놓였다. 이제 통번역사는 창의적 해결책을 탐구하여 AI 번역이 다루기 어려운 문화적 복잡성을 조정하고 그 결과를 책임져야 한다. 이를 위해 현대 사회의 통번역사는 중재자를 넘어서서 능동적이면서도 창의적인 사고를 발휘하는 '중개자Facilitator'로 활약하기 위해 노력하여야 한다.

21세기의 창의적 중개자 교육

통번역사는 상호 문화적 소통을 원활하게 하기 위해 문화적 거리를 인식하고 이를 극복할 수 있는 전략을 활용하여야 한다. 이는 단순히 언어적 정확성만을 고려하는 것이 아니라, 출발 문화와 도착 문화 간 차이로 인해 발생할 수 있는 오해나 갈등을 방지하여야 함을 뜻한다. 이를 위해 각 문화의 관습과 사회적 가치관을 정확하게 이해하고 통번역에 반영하는 능력이 필수적이다. 따라서 통번역사 교육과 훈련은 이와 같은 역량을 배양하는 데 중점을 두고 이루어져야 한다.

　문화적 거리에 대한 이해와 극복 전략을 가르치는 데 매우 중요한 교육적 요소는 문화적 차이를 인식하고 존중하는 태도이다. 각기 다른 문화는 고유한 전통과 가치관 및 다양한 관습을 가지고 있으며, 이를 고려하지 않은 통번역은 문화적 오해와 의사소통의 왜곡을 발생시킬 수 있다. 그러므로 통번역사 훈련에는 다양한 문화적 맥락을 이해하고 그 차이를 인식하여 적절히 조정할 수 있는 과정을 도입하여야 한다.

① 문화 간 비교 분석을 통한 학습

　통번역 교육에서는 출발 언어와 도착 언어의 문화적 차이를 명확히 인식할 수 있도록 •문화 간 비교 분석 Comparative Cultural Analysis을 활용하는 것이 효과적이다. 학습자는 출발 언어와 도착 언어의 문화소가 동일한 개념을 어떻게 다르게 표현하는지를 비교하여 그 차이를 분석하게 된다. 예를 들어 일본어의 '고토こと'와 '모노もの'라는 표현은 모두 '것thing'이라는 의미를 가지지만, 지칭하는 개념이 추상적인지 구체적인지에 따라 달리 사용된다. 하지만 한국어에는

•문화 간 비교 분석
여러 문화의 형성 및 발전 과정과 그 현상을 이해하고 서로 다른 문화 간 상호 작용·차이점·유사점을 분석하는 연구 방식으로, 문화의 복합성과 다양성에 대한 통찰을 제공한다.

AI 시대 통번역의 포스트에디팅 전략

이에 직접적으로 대응하는 단어가 없어 문맥에 맞게 조정할 필요가 있다. 이러한 사례를 비교 분석하여 학습하는 과정은 문화적 거리 조정을 실습하는 데 유용하다.

② 역할극과 시뮬레이션

문화적 거리로 인한 의사소통의 오해를 줄이는 훈련으로서 실제 통번역 상황을 가정한 역할극과 시뮬레이션을 교육에 활용할 수 있다. 학습자는 특정 문화적 맥락을 반영한 통번역 상황을 직접 경험하며 문화적 거리 조정의 방법을 실습할 수 있다. 예를 들어 국제 기업 회의라는 시뮬레이션을 통해 한국인의 겸양 표현이 서구권에서 소극적으로 해석될 수 있음을 교육할 수 있다. 한국인이 "별것 아닙니다."라고 말할 때, 이를 그대로 통번역하여 영어로 "It's not a big deal."이라고 하면 영어 사용자는 해당 성과를 경시하는 것으로 오해할 수 있다. 따라서 통번역사는 이를 문맥에 맞게 "It was a pleasure to contribute."와 같이 긍정적인 표현으로 조정할 수 있어야 한다.

③ 문화적 감수성 테스트 및 사례 연구

학습자가 문화적 감수성을 기를 수 있도록 사례 연구를 활용하는 것도 효과적인 교육 방법이다. 이러한 교육은 대개 다양한 문화적 충돌 사례를 분석하고, 이를 해결하기 위한 적절한 통번역 전략을 도출하는 방식으로 진행된다. 예를 들어 서구권에서는 숫자 '4'에 대해 부정적인 이미지를 떠올리지 않지만, 한국과 중국 및 일본에서는 이것이 한자 '死[사]'와 발음이 같아 부정적인 의미를 부여한다. 그래서 서구권의 숫자 '4'와 관련된 표현은 한국어와 중국어 및 일본어로 통번역 시 의도하지 않은 의미를 포함할 수 있다. 이러한 사례를 연구하고 대체 표현을 고민하는 과정은 학습자의 문화적 감수성을 향상시킬 수 있다.

④ 문화적 조정 방법 실습

통번역사는 출발 언어와 도착 언어의 문화적 차이를 극복하기 위해 자국화 또는 이국화 전략을 적절히 선택하여야 하므로, 교육 과정에서 학습자가 다양한 문화적 조정 방법을 직접 실습할 수 있도록 하여야 한다. 예를 들어 '차도남(차가운 도시 남자)'이라는 한국어 표현을 영어로 통번역할 때, 'Chadonam'이라고 그대로 차용할지 혹은 그 의미를 살려 'cold yet charismatic man'처럼 의역할지 선택하는 연습을 진행할 수 있다.

이와 같이 통번역 교육에서는 문화적 거리 조정을 위한 전략적 사고 능력을 배양하는 것이 중요하며, 이를 위해 실전 기반 학습·역할극·비교 분석·문화적 감수성 테스트 등을 활용한 다각적인 접근이 필요하다. 이러한 교육과 훈련은 통번역사가 능동적 중개자로서 문화 간 소통을 원활하게 하도록 돕고, 다양한 문화적 배경을 존중하면서도 정확하고 효과적인 통번역을 수행할 수 있는 역량을 길러줄 수 있다.

주요 개념

문화적 거리

　출발 문화와 도착 문화 간 언어적 차이와 역사·전통·제도 등의 문화적 요소의 차이로 인해 발생하는 문화적 차이 또는 간격을 말한다.

문화적 거리에 대한 연구

• 나이다　통번역을 문화적 맥락을 전달하는 행위라 정의하고 통번역사의 문화적 해석 능력을 강조하며, 문화적 거리 조절을 위해 형식적 등가와 역동적 등가라는 두 가지 전략을 제시하였다.

• 라이스와 페어메어　통번역 과정에서 발생하는 문화적 차이가 정보 전달 과정의 중요한 변수로 작용하며, 통번역사는 도착 텍스트 수신자의 문화적 배경에 맞게 텍스트를 조정하여야 한다고 강조하였다.

• 노드　통번역사가 문화적 간극을 메우는 중재자로 역할하여야 함을 강조하고, 기록적 통번역과 도구적 통번역이라는 구체적 방법론을 제시하였다.

핵심 요약

1. 향후 통번역사는 능동적이면서도 창의적인 사고를 발휘하는 '중개자'로서 두 문화 간 적극적인 소통을 주도하고, 문맥과 문화적 의미를 정확히 전달하기 위해 스스로 창의적인 결정권을 행사하며 소통을 완성하여야 한다.

2. 각 문화의 관습과 사회적 가치관 등을 정확하게 이해하고 통번역에 반영할 수 있도록 다각적인 접근이 활용된 통번역 교육이 진행되어야 한다.

전략 구상

1. 문화적 거리에 대한 여러 연구를 참고하여 그 개념을 이해하고 포스트에디팅 전략과의 연관성을 탐색하여 보자.

----

2. 창의적 중개자로서의 통번역사가 되기 위해 필요한 역량에 대해 생각하여 보자.

에필로그

    AI 번역 등 기계 번역 기술이 발전하고 있는 현재, 기계 번역이 인간 통번역을 대체할 가능성에 대한 우려가 증가하고 있다. 통번역사의 직업적 위상 약화에 대한 논의가 늘어나며 기계 번역의 한계를 다각도로 분석하는 연구 논문들도 종종 발표되고 있다. 이들은 기계 번역의 주요 문제점으로 문맥과 뉘앙스를 제대로 이해하지 못하고 문화소·관용구·비유적 표현 등의 번역에서 언어적 섬세함이 부족하다는 점을 지적한다. 또 데이터 기반의 패턴을 중심으로 작동하는 기계 번역은 문법적으로는 자연스럽더라도 출발 텍스트의 의도·정서·사회적 맥락을 충분히 반영하지 못하여, 특히 문학 번역에서 작품의 본질적 가치를 훼손할 가능성이 있다고도 지적한다.

    현재 통번역 연구는 기계 번역과 인간 통번역을 대립적으로 비교·분석하는 관점과 기계 번역을 인간의 통번역을 위한 도구로 보고 그 활용 가능성을 모색하는 관점이 혼재되어 있다. 전자는 실증적 분석을 통해 현시점에서의 기술 한계를 파악하는 데에 유리하고, 후자는 통번역학이 나아가야 할 방향을 제시한다는 점에서 의의를 갖는다.

    기계 번역과 인간 통번역의 비교 연구처럼 결과물의 우열만을 강조하는 이분법적 관점은 기계 번역을 인간 통번역의 경쟁 상대로만 바라본다. 한편 기계 번역을 인간 통번역의 도구로 보는 관점은 통번역이 철저히 인간에 의한 창조적 행위라는 점을 전제하여 기계 번역을 '인간 중심의 통번역 과정'을 확장하고 보완하는 역할로 본다.

이 두 가지 관점의 간극을 좁히기 위해서는 통번역이 인간의 창조성을 바탕으로 한 행위라는 사실을 전제하면서, 기계 번역과 인간 통번역이 상호 보완적으로 협력할 수 있다는 연구 과제를 제시하는 것이 필요하다. 이러한 이유에서 앞으로의 통번역 연구는 전통적인 인본주의적 관점을 유지하면서도, 이를 보완하고 확장하는 도구로서 인간의 포스트에디팅 역량을 키우기 위한 균형 잡힌 접근이 요구된다.

이미 많은 연구자가 기계 번역의 한계를 극복하기 위한 방법으로 포스트에디팅을 강조하고 있다. 이들은 기계 번역의 속도와 통번역사의 전문성이 결합된 포스트에디팅을 통번역 품질 향상을 위한 현실적 대안으로 제시하고, 고도의 정확성과 창의성을 요구하는 통번역에서 인간의 사후 검토가 필수적이라는 논리를 제기한다. 이처럼 연구자들이 포스트에디팅을 중점적으로 다루는 이유는 기계 번역과 인간 통번역의 상호 보완적 가능성을 탐색하기 위해서이다. 이는 기계 번역을 단순한 대체재로 보는 것을 넘어, 효율적인 도구로 활용하면서 통번역의 품질을 유지하려는 노력이라고 생각할 수 있다. 이 과정에서 통번역사의 전문성과 판단력은 기계 번역이 해결할 수 없는 문제를 보완하는 핵심적인 역할을 담당한다.

기계 번역의 발전은 통번역사에게 도전 과제를 제시하는 동시에, 그 기술을 보완하고 활용함으로써 새로운 가능성을 여는 기회로 작용할 수 있다. 많은 연구자가 기계 번역을 단순히 인간 통번역의 대립적인 개념으로 보지 않고, 통번역 행위를 보완하고 향상하는 도구로 보고자 하는 것도 이 때문이다.

통번역이 출발 언어의 의미와 정서를 새로운 언어로 재구성하는 창의적 과정임을 생각할 때, 기계 번역과 인간 통번역을 이분하기보다 양자의 상호 보완적 가능성을 탐구하는 접근이 바람직하다. 앞으로도 기계 번역의 기술적 한계를 보완하며 통번역사의 창의적 역할을 부각하는 연구를 더욱 활발하게 진행하기 위해, 통번역이 인간의 창의적인 행위라는 통번역학의 전통적인 인본주의 개념이 전제되어야 한다.

기계 번역 기술이 아무리 발전하더라도 통번역의 주체가 결국 '인간'이라는 사실은 통번역 교육에서도 중요한 논리적 기반이 된다. 이러한 관점에서는 기계 번역이 인간의 통번역 행위를 보조하는 도구이므로, 궁극적으로 '기계 번역과 대립되는 인간 통번역'이라는 개념은 존재하지 않는다. 이를 바탕하여 현대 통번역 교육이 나아가야 할 방향을 다음의 네 가지로 정리할 수 있다.

첫째, 통번역의 본질이 해석적·창조적 활동이라는 점을 강조하여야 한다. 통번역은 단순히 언어를 기계적으로 전환하는 과정이 아니라, 출발 언어의 함의·의도·문화적 맥락을 깊이 이해하고 이를 적절한 도착 언어로 재창조하는 복합적 행위이다. 이를 성공적으로 수행하기 위해서는 인간의 직관·문화적 이해·상황적 맥락 파악이 필수적이다. 아무리 발전된 기계 번역이라도 출발 언어가 포함하는 상징·정서·미묘한 차이 등을 완벽히 재현하고 출발 언어의 의도를 온전히 담아내는 것은 불가능하다. 따라서 통번역 교육에서는 먼저 인간이 갖추어야 할 비판적 사고력, 언어·문화적 통찰력, 그리고 창조적 재해석 능력을 중시하여 인간 통번역의 특장점을 갖추도록 훈련하여야 한다.

둘째, 통번역의 윤리적·책임적 측면을 강조하여야 한다. 통번역은 상황에 따라 민감한 정보나 국제적인 담론 형성에 관여하기도 한다. 특히 의료 통역·외교 문서 번역 등에서는 인간 고유의 윤리적 기준과 책임 및 상황적 융통성이 요구되기 때문에 통번역사의 정확성·신뢰성·윤리적 책임이 중대한 영향력을 발휘한다. 기계 번역은 대량의 데이터 분석으로 높은 정확도를 보일 수 있으나 완성된 통번역에 대한 윤리적인 '판단'과 '결정'의 주체가 될 수 없으므로, 향후 통번역 교육은 기술 훈련과 더불어 통번역사의 윤리 의식과 전문가의 소양과 책임감을 기르는 데 초점을 맞출 필요가 있다.

셋째, 기계 번역을 '도구'로 활용하기 위한 전략 교육이 필요하다. 기계 번역은 인간 통번역의 대체재가 아니라 인간의 통번역 행위를 보조하는 도구이자 또 다른 방법론으로 이해되어야 한다. 이는 기계 번역 자체를 부정하는 관점이 아니다. 기계 번역을 활용함으로써 생산성을 높이고, 통번역사가 창의적 해석과 문화적 조정 등 더욱 가치 있는 작업에 집중할 수 있도록 교육을 재설계하여야 한다는 의미이다. 이를 위해 향후 통번역 교육에는 기계 번역의 원리와 장점 및 한계를 정확히 가르치고 포스트에디팅 역량과 데이터 분석 능력 등을 개발하는 과정이 포함되어야 한다.

넷째, 장기적 관점에서 통번역사의 역할을 재정립하여야 한다. 기계 번역의 기술 발전과 함께 통번역사의 전문성도 재정의되고 있다. 단순한 문장 변환이나 검색 중심 업무는 기계가 빠르게 대체할 수 있지만, 고차원적 의미 해석이나 독자의 반응을 이끌어내는 서술 기법 및 복잡한 상황적 맥락 조정 등은 인간의 역할일 수밖에 없다. 따라서 향후 통번역 교육은 "인간은 어떠한 역량을 더 강화하여야 하는가?"라는 질문을 던지고, 통번역사를 예술성이 높은 창작자이자 언어 사용의 전략가, 창조적 의사 결정자로 육성하여야 한다.

살펴본 바와 같이 기계 번역을 단순한 대체재로만 바라볼 경우, 통번역 교육은 지나치게 테크닉 숙달에만 치중되어 '통번역사에 의한 통번역'의 본질을 약화시킬 수 있다. 그러므로 앞으로의 통번역 교육에서는 인간의 해석 능력·책임감·문화적 통찰력·창의성을 더욱 중시하고 통번역사와 협업하는 기계 번역에 대한 포스트에디팅 역량을 키워 긍정적 시너지를 낼 수 있어야 할 것이다.

참고 문헌

김도훈(2006), 〈문화소 번역에서의 인지적 축적물의 역할 및 번역 전략〉, 《국제회의 번역과 통역》, 8(2), pp. 3-29.

김양선(2024), 〈일본어 외래어 및 비유 표현의 한국어 번역: 오에 겐자부로의 《性的人間》 한국어 번역본 활용〉, 《동아인문학》, 12(1), pp. 123-145.

김재희(2018), 〈한국 문학 작품에 나타난 문화소 번역 방법: 한·영, 한·아 번역을 중심으로〉, 《글로벌문화연구》, 9(2), pp. 27-48.

김혜림·장애리·강려영(2016), 〈문화 용어의 중국어 번역 실태 조사 및 번역 방안 연구〉, 《T&I REVIEW》, 6, pp. 49-73.

김혜림(2014), 〈한중 번역외 단순화와 명시화 연구: 신문 사설 코퍼스를 중심으로〉, 《통번역학연구》, 18(3), pp. 237-262.

남철진(2024), 〈해석 이론을 통해 본 기계 번역의 한계: 중국 관광 텍스트 번역을 중심으로〉, 《중어중문학》, (97), pp. 145-169.

노금송(2024), 〈한국어 문화소에 관한 기계 번역과 인간 번역의 비교 분석 연구〉, 《한국학연구》, (73), pp. 201-225.

서숙희(2024), 〈인간 번역과 기계 번역의 향후 전망에 관한 고찰〉, 《인문과학연구》, (24), pp. 33-56.

서유경(2012), 〈한국 여성어 번역과 문화 간극—김주영의 《천둥소리》 러시아어 번역을 중심으로〉, 《통번역학연구》, 16(2), pp. 39-67.

송전(2004), 〈독일의 〈자유 민중무대(Freie Volksbhne)〉 운동 연구 (1): 대전 문화 예술의 전당 활성화를 위한 사례 연구〉, 《독일현대문학》, (22), pp. 130-147.

심재기(2004), 〈문화적 전이로서의 번역: 문학 번역에 있어서의 '토속적인 표현'의 번역의 문제〉, 《번역문학》, (5), pp. 30-40.

왕영균·윤소영(2009), 〈관광 사이트 번역 시 발생하는 문화적 차이에 대한 연구: 영국 여행을 중심으로〉, 《동화와 번역》, (18), pp. 159-176.

이근희(2008), 《번역의 이론과 실제》, 한국문화사.

이미정(2024), 〈인간 번역과 기계 번역 비교 연구: 무라야마 가즈코의 유년 동화를 대상으로〉, (47), pp. 141-167.

이승재(2012a), 〈문화 층위와 문화소: 번역에 대한 문화적 접근〉, 《번역학연구》, 13(1), pp. 137-166.

이승재(2012b), 〈번역 등가와 언어학적 갭에 대한 고찰〉, 《통번역학연구》, 16(1), pp. 129-144.

이영석(2004), 〈빅토리아 후기 영국 사회와 유대인 문제〉, 《영국연구》, (12), pp. 47-73.

이창수(2024), 〈챗GPT, 파파고, 인간 번역가 간의 한영 문학 번역 차이점 연구〉, 《번역학연구》, 25(2), pp. 89-110.

임진(2024), 〈한국어 무주어 구문의 영어 번역 양상: 인간 번역, 구글 번역, 챗GPT 간의 차이를 중심으로〉, 《언어학》, 32(3), pp. 1-22.

임지선(2024), 〈수동, 자동 평가 비교를 통한 기계 번역 품질 평가: Papago, Google, Baidu 번역을 중심으로〉, 《중국연구》, (100), pp. 127-145.

임형재(2019), 〈韓国语教育中应用MT的教育基础构建及发展方向研究〉, 《중한언어문화연구》, (17), pp. 133-147.

임형재·김금숙·허은혜(2023), 《외국어로서의 한국어 통번역학의 이해》, 하우.

임형재·부티투안(2018), 〈국내 커뮤니티 통·번역사의 역량과 역할에 대한 정책 검토: 베트남 통·번역 지원 인력을 중심으로〉, 《현대사회와 대문화》, 8(1), pp. 117-141.

임형재·송은정(2015), 〈외국인을 위한 통번역 목적 한국어 교육 연구: 중국어 화자의 한국어 통번역 교육 현황과 교육 내용을 중심으로〉, 《외국어로서의 한국어 교육》, (42), pp. 303-332.

임형재·왕첨(2018), 〈한국어 번역을 위한 문화소의 기계 번역 연구: 중국 외교 연설문 번역의 정확도 평가를 중심으로〉, 《현대사회와 다문화》, 8(2), pp. 68-94.

임형재·이석철·리번켈빈(2022), 《문화소 번역의 이론과 실제》, 박이정출판사.

임형재·이선(2017), 〈한국어 인과 관계 표현에 대한 중국어 번역 양상 연구: 연결 어미 '-어서'와 '-니까'의 번역을 중심으로〉, 《한중인문학연구》, (56), pp. 251-280.

임형재·자양판(2020), 〈한국어 번역 학습자의 기계 번역 결과에 대한 수정(Post Editing)능력 분석: 중국어권 학습자의 MT-PE 실험을 중심으로〉, 《한국언어문화학》, 17(2), pp. 151-183.

임형재·Flourish Kamei(2019), 〈A Study on the Use of Machine Translation In Korean Language Education〉, 《한국언어문화학》, 16(3), pp. 297-315.

임형재·허은혜·리번캘빈(2023), 《한국어 통번역사를 위한 AI 번역의 이해》, 소통.

정영지(2024), 〈한국어 의태어 기계 번역과 인간 번역 비교 고찰: 현대 소설의 한중 번역을 중심으로〉, 《중국어문학》, (97), pp. 241-274.

천종성·이준호(2024), 〈국내 언론과 KCI 학술 논문에 나타난 '기계 번역' 담화 분석〉, 《번역학연구》, 25(2), pp. 69-97.

최지수(2024), 〈인간과 기계 번역 문체의 전산 문체론적 비교: 한독 연설문을 중심으로〉, 《독일문학》,

65(2), pp. 263-282.

편기영(2018), 〈문화가 다른 두 언어 사이 고유명사 비등가 번역〉, 《현대영어영문학》, 62(1), pp. 195-222.

Aixela, J. F.(1996), *Translation, Power, Subversion*, Bristol: Multilingual matters.

Austin, J. L.(1962), *How to Do Things with Words*, Oxford: Clarendon Press.

Bachman, Lyle F.(1990), *Fundamental Considerations in Language Testing*, Oxford: Oxford University Press.

Baker, M.(1992/2011), *In Other Words: A Coursebook on Translation*, London: Routledge.

Baldwin, J. R., Faulkner, S. L., Hecht, M. L. & Lindsley, S. L.(Eds.)(2006), *Redefining culture: Perspectives across the disciplines*, Mahwah: Lawrence Erlbaum Associates Publishers.

Bassnett, S. & Lefevere, A.(Ed.)(1990), *Translation, history, and culture*, London: Pinter Publishers.

Bateson, G.(1972), *Steps to an Ecology of Mind: Collected Essays in Anthropology, Psychiatry, Evolution, and Epistemology*, Chicago: University Of Chicago Press.

Berk-Seligson, S.(1988), The impact of politeness in witness testimony: The influence of the court interpreter, *Multilingua*, 7(4), pp. 441-439.

Schleiermacher, F. & Bowie, A.(Ed.)(1998), *Schleiermacher: Hermeneutics and Criticism and Other Writings*, Cambridge: Cambridge University Press.

Catford, J. C.(1965), *A Linguistic Theory of Translation: An Essay in Applied Linguistics*, London: Oxford University Press.

Chesterman, A.(1997), *Memes of Translation*, Amsterdam: John Benjamins Publishing Company.

Cook, G.(2010), *Translation in language teaching: An argument for reassessment*, Oxford: Oxford University Press.

Durkheim, E.(1893), *De la division du travail social*, Paris: Les Presses universitaires de France.

Erikson, E. H., Erikson, J. M. & Kivnick, H. Q.(1986), *Vital involvement in old age*, New York: W. W. Norton & Company.

George, S.(1975), *After Babel: Aspects of Language and Translation*, Oxford: Oxford University Press.

Gile, D.(1995), *Basic Concepts and Models for Interpreter and Translator Training*, Amsterdam: John Benjamins Publishing Company.

Goodenough, W. H.(1973), *Culture, language, and society*, Menlo Park: Reading, Mass.,

Addison-Wesley.

Hall, E. T.(1959/1990), *The Silent Language*, New York: Doubleday.

Hall, E. T. & Hall, M. R.(1990), *Understanding cultural differences: Germans, French and Americans*, Los Angeles County: Intercultural Press.

Hansen, K.(1995), *Kultur und Kulturwissenschaft*, Frankfur: Francke Verlag.

Hatim, B. & Mason, I.(1990), *Discourse and the Translator*, London: Longman.

Holmes, J. S.(1972), *In Translated! Papers on Literary Translation and Translation Studies*, Amsterdam: Rodopi.

House. J., Buhri, K. & Thije, J.(Eds.)(2009), *Translational action and intercultural communication*, London: Routledge.

House, J.(2014), *Translation quality assessment: Past and present*, London: Routledge.

Jenks, C.(2004), *Culture*, London: Routledge.

Jiang, N.(2000), Lexical Representation and Development in a Second Language, *Applied Linguistics*, 21(1), pp. 47-77.

Jiang, W.(2000), The Relationship between Culture and Language, *ELT Journal*, 54(4), pp. 328-334.

Katan, D.(2004), *Translating Cultures: An introduction for translators, interpreters and mediators*, London: Routledge.

Kelly, D.(2005), *A handbook for translator trainers*, London: Routledge.

Kroeber, A. L. & Kluckhohn, C.(1952), *Culture: A critical review of concepts and definitions*, Cambridge: Peabody Museum Press.

Kuper, A.(1999), *Culture: The Anthropologists' Account*, Cambridge: Harvard University Press.

Labov, W.(1973), *Sociolinguistic Patterns*, Philadelphia: University of Pennsylvania Press.

Leech, G.(2014), *The Pragmatics of Politeness*, Oxford: Oxford University Press.

Leppihalme, R.(1997), *Culture bumps: An empirical approach to the translation of allusions*, Bristol: Multilingual Matters.

Lucy, J. A.(1992), *Language Diversity and Thought: A Reformulation of the Linguistic Relativity Hypothesis*, Cambridge: Cambridge University Press.

Marvin, E.(1968), *The Process of Social Organization*, New York: Holt, Rinehart and Winston.

Munday, J.(2016), *Introducing Translation Studies: Theories and Applications*(4th ed), London:

Routledge.

Newmark, P.(1980), *Approaches to Translation*, Great Britain: Phoenix ELT.

Newmark, P.(1988), *A Text Book of Translation*, Hoboken: Prentice Hall.

Nida, E. A.(1964), *Towards a Science of Translating*, Leiden: E. J. Brill.

Nord, C.(1997a), *Translating as a Purposeful Activity*, London: Routledge.

Nord, C.(1997b), Defining translation functions. The Translation Brief as a Guideline for the Trainee Translation, *Ilha do Desterro*, (33), pp. 39-54.

Nord, C.(2005), Making Otherness Accessible Functionality and Skopos in the Translation of New Testament Texts, *Meta*, 50(3), pp. 868-880.

Pedersen, J.(2011), *Subtitling Norms for Television: An Exploration Focussing on Extralinguistic Cultural References*, Amsterdam: John Benjamins Publishing Company.

Pinker, S.(2007), *The Stuff of Thought: Language as a Window into Human Nature*, New York: Viking Press.

Popovič, Anton.(1971), The Concept of 'Shift of Expression' in Translation Analysis, *The Nature of Translation*, Berlin: De Gruyter Mouton, pp. 78-88.

Pym, A.(1995), Schleiermacher and the Problem of Blendlinge, *Translation and Literature*, 4(1), pp. 5-30.

Pym, A.(1995), Translation as a Transaction Cost, *Meta*, 40(4), pp. 594-605.

Pym, A.(1998), *Method in Translation History*, Manchester: St. Jerome.

Pym, A.(2001), Introduction: The Return to Ethics in Translation Studies, *The Translator*, 7(2), pp. 129-138.

Pym, A.(2004), *The Moving Text Localization. Translation and Distribution*, Amsterdam: John Benjamins Publishing Company.

Pym, A.(2010), *Exploring Translation Theories*, London: Routledge.

Reiss, K. & Vermeer, H. J.(2013), *Towards a General Theory of Translational Action: Skopos Theory Explained*, London: Routledge.

Richards, J. C. & Rodgers, T. S.(1986), *Approaches and Methods in Language Teaching*, Cambridge: Cambridge University Press.

Sapir, E.(1921), *Language: An Introduction to the Study of Speech*, New York: Harcourt, Brace Company.

Stolze, R.(1992), *Hermeneutisches Übersetzen: linguistische Kategorien des Verstehens und Formulierens beim Übersetzen*, Tübingen: Narr.

Samaniego, J. F.(2024, March 13), The Partnership Between Humans and AI: The Translation Profession, *Universitat Oberta de Catalunya*, https://www.uoc.edu/en/news/2024/working-with-ai-in-the-translation-profession

Toury, G.(1980), *In Search of a Theory of Translation*, Tel Aviv: Porter Inst. for Poetics and Semiotics.

Tylor, E. B.(1871), *Primitive Culture: Researches Into the Development of Mythology, Philosophy, Religion, Art, and Custom*, London : Murray.

Tymoczko, M.(2007), *Enlarging Translation, Empowering Translators*, London: Routledge.

Venuti, L.(2008), *The Translator's Invisibility: A History of Translation*, London: Routledge.

Vinay, J. P. & Darbelnet, J.(1995), *Comparative Stylistics of French and English: A Methodology for Translation*, Amsterdam: John Benjamins Publishing Company.

Whorf, B. L.(1956), *Language, Thought, and Reality: Selected Writings of Benjamin Lee Whorf*, Cambridge: MIT Press.

Whorf, B. L.(1964), *Language, Thought, and Reality*, Cambridge: MIT Press.

William M. O.(1982), *Linguistic Evidence: Language, Power, and Strategy in the Courtroom*, Cambridge: Academic Press.

Williams, R.(1982), *The Sociology of Culture*, New York: Schocken Books.

Williams, R.(1985), *Keywords: A vocabulary of culture and society*(Revised ed.), Oxford: Oxford University Press.

Yule, G.(1996), *Pragmatics*, Oxford: Oxford University Press.

陈甜(2015),《〈三国演义〉中文化专有项英译研究》, 湖南师范大学, 博士学位论文.

邱懋如(1998),〈文化及其翻译〉,《外国语》, 21(2), pp. 20-23.

王东风(1997),〈文化缺省与翻译中的连贯重构〉,《外国语》, 20(6), pp. 56-61.

许明武(2003),《新闻英语与翻译》, 北京: 中国对外翻译出版公司.

杨德峰(1999),《汉语与文化交际》, 北京: 北京大学出版社.

章小凤(2015),《〈红楼梦〉俄译本中文化空缺现象的补偿策略》, 北京外国语大学, 博士学位论文.

색인

AI 시대 통번역의 포스트에디팅 전략

ㅋ

ㅌ

ㅍ

ㅎ